다 이유가 있다

다 이유가 있다

고수가 들려주는 인생의 비밀

한근태 지음

클라우드나인
CLOUD 9

모든 일에는 다 그럴 만한 이유가 있다

최근 디자이너 앙드레 김이 생전 흰옷을 즐겨 입었던 이유를 알게 됐다. 혹시 알고 있는가? 그가 흰옷을 입었던 이유는 가와바타 야스나리의 소설 『설국』을 읽었기 때문이다. 이 책에 감동하여 흰옷만 입는 것은 물론 평생 그의 색깔로 흰색만을 애용하게 됐다는 것이다. 『설국』의 첫 대목은 이렇다. "국경의 긴 터널을 빠져나오니 눈의 나라였다. 주위가 환해지면서 신호소 앞에 기차가 멈추어 섰다." 어린 시절 우리 집에도 이 책이 있었고 뜻도 모른 채 읽었던 기억이 있다. 이 책을 읽고 눈 덮인 니가타를 가보고 싶어졌는데 앙드레 김에게도 이 책이 충격을 준 것 같다.

아홉수에 대한 것도 그렇다. 아홉이란 나이를 조심해야 한다는 얘기를 숱하게 들었지만 왜 조심해야 하는지 물은 적이 없다. 궁금하게 생각하지도 않고 그냥 받아들였는데 다니엘 핑크가 쓴

책 『언제 할 것인가』의 다음 대목을 보는 순간 이유를 알게 됐다. 내용은 이렇다. "마라톤에 처음 참가하는 사람을 분석하니 유독 아홉수에 걸린 사람이 48퍼센트에 달하고 그중 29세가 가장 많았다. 29세는 28세나 30세보다 두 배 많았다. 왜 그럴까? 아홉이란 나이에는 자신도 모르게 지난 10년간을 돌아보게 된다. 앞자리 숫자가 바뀌면서 내가 제대로 살았는지 앞으로 어떻게 살 것인지 전보다 생각을 많이 하게 되고 당연히 새로운 결심을 많이 하게 된다. 변화를 시도하고 그러다 보니 실패도 많지만 성공도 많다. 사람들은 부정적 나이로 보지만 긍정적 측면이 더 크다." 난 이 대목을 보면서 무릎을 쳤다. 아홉이란 나이에는 자기도 모르게 지난 10년을 보면서 새롭게 뭔가를 결심하고 변화를 꾀하다 보니 일반인들 눈에 위험한 나이로 보이게 됐다는 것이다. 정말이지 꿈보다 해몽이 낫다.

이 책은 제목 그대로 모든 일에는 다 이유가 있다는 걸 다양한 사례를 들어 소개한 책이다. 난 왜 이런 책을 썼을까? 사실 이 책은 나를 위한 책이다. 나는 태생적으로 궁금한 게 많다. 당연히 질문이 많았는데 그러다 보니 "넌 뭐가 그렇게 궁금하니? 어쩌면 그런 것까지 궁금하니?"란 말을 참 많이 듣고 자랐다. 내가 왜 궁금한 게 많은지는 나도 잘 모르겠다. 태생적으로 그런 것 같다. 당연히 이것저것 가리지 않고 질문을 했는데 답하는 사람보다 화를 내는 어른이 많았다. 모르면 모른다고 하면 될 텐데 왜 화를 내는지 알다가도 모를 일이다. 그러다 어른이 되어서는 먹고사는 문제를 해결하느라 그런 궁금증을 묻고 살았다.

근데 책 소개하는 직업을 갖게 되면서 옛날의 궁금해하던 버릇이 살아났다. 여러 책을 접하면서 궁금하지만 잊고 있던 것에 대한 다양한 해석, 역사적 이유 등을 보게 되는데 그렇게 기쁠 수가 없었다. 모르는 걸 알아간다는 쾌감, 알면 알수록 더 알고 싶은 게 늘어가는 기쁨, 강의나 대화 중 내가 새롭게 깨달은 걸 정리해 사람들에게 얘기해줄 때 보이는 뜨거운 반응 등은 정말 경험한 사람만이 알 수 있는 즐거움이다. 오랫동안 그런 사례를 모았고 이번에 그 사례를 모아 이 책을 쓰게 됐다.

왜 유독 한국은 일본에 대해 적개심을 품고 있을까? 어떻게 이웃을 이렇게까지 미워할 수 있을까? 오랫동안 내가 가진 의문이다. 말로는 일본을 미워하지만 실은 일본을 좋아하는 사람이 너무 많다. 일본에 가면 한국 사람밖에 없다. 앞뒤가 너무 맞지 않는다. 똑같이 일본의 지배를 받았지만 대만 사람은 반일 감정이 전혀 없다고 하는데 왜 우리는 그토록 일본을 미워할까? 식민지 지배를 받아서? 식민지 지배를 받은 인도는 영국을 그렇게

까지 미워하는 것 같지 않다. 우리는 몽골의 지배를 받았지만 몽골은 미워하지 않는 것 같다. 그렇다면 이유는 무엇일까? 그러다 최근 서울대학교 박훈 교수의 강의를 듣고 몇 가지 사실을 알게 됐다. 결론부터 얘기하면 일본이 한국을 식민지로 한 건 큰 실수라는 것이다. 먹지 말았어야 할 나라를 먹어 일본이 오히려 뜨거운 맛을 봤다는 것이다.

박 교수가 얘기하는 일본의 실수는 세 가지다. 첫째, 제국주의 국가는 이웃 국가를 식민지로 하지는 않는데 일본은 바로 옆 나라인 우리를 식민지로 했다는 것이다. 가까운 이웃을 원수로 만들었다는 것이다. 둘째, 보통 제국주의 국가는 무지한 국가를 식민지로 삼는데 우리는 절대 무지하지 않았고 어떤 면에서 일본보다 나은 국가인데 우리나라를 식민지로 했다는 것이다. 못난 놈이 잘난 놈을 식민지로 삼으니 그 반발이 오죽하겠는가? 셋째, 1910년 당시는 세계적으로 식민지를 독립시키는 추세였는데 일본은 그 흐름을 거슬렀다는 것이다. 시대적 흐름에 역행했기 때문에 더 반발이 커졌다는 것이다. 이 얘기가 모든 걸 설명하지는 못하지만 그래도 그 사실을 모를 때에 비해 훨씬 머리가 정리된 기분이다.

선불망래善不妄來 재부공발災不空發이란 말이 있다. 좋은 일은 까닭 없이 찾아오지 아니하고 재앙은 그냥 일어나지 아니한다. 모든 일에는 다 이유가 있다는 말이다. 모든 일에는 다 그럴 만한 사정이 있는 법이다. 그러니 사정을 모른 채 함부로 비난하거나 비판하면 안 된다. 이 책을 통해 여러분의 궁금증이 조금이라도 해소됐으면 좋겠다. 이 책이 또 다른 궁금증을 일으켰으면 좋겠다. 궁금한 것이 또 다른 궁금증으로 이어져 사람들의 호기심을 자극했으면 좋겠다.

2023년 7월
한근태

ㅋ, ㅌ, ㅍ • 223

ㅎ • 235

기타 • 257

가난이 소중한 이유

세계적인 골프선수 치 치 로드리게스는 푸에르토리코의 지독히 가난한 가정에서 출생했다. 그곳은 사탕수수 재배가 주된 산업이었다. 그의 아버지는 주급 5달러도 되지 않는 가난한 사람이었다. 로드리게스는 열 명이 넘는 형제자매들 사이에서 성장했는데 다섯 살 때부터 힘든 노동을 했다. 인근 골프장에서 잡일, 막노동, 그리고 캐디 일을 하면서 골프에 재능이 있다는 사실을 알게 된다. 그는 미국 시니어 투어를 평정해 거기서 번 돈의 상당 부분을 고국의 빈민 아동들에게 보냈다. 다음은 그가 한 말이다.

"남들에겐 가난이 좌절 요인이었지만 나에게 가난은 커다란 무기였다. 가난했기 때문에 남들에게 돈이 있다는 사실을 증명할 필요도 없고 쓸데없는 허례허식을 할 이유도 없었다. 어릴 적 육체노동을 통해 강해졌으며 잔병치레도 없었다. 그 시절 배가 고파 잠을 이루지 못하던 밤들은 내게 커다란 인내심을 길러주었으며 돈의 소중함을 일깨워주었다. 일을 제대로 끝내지 못하면 돈을 받지 못하기 때문에 무슨 일이 있어도 끝내고 만다는 목표의식을 가지게 되었다."

가벼워야 하는 이유

쇠재두루미는 몽골에서 히말라야를 넘어 인도로 간다. 8,000킬로미터가 넘는 먼 길이다. 이동을 앞두고 먹는 걸 변화시켜 몸무게를 줄인다. 가늘고 길게 호흡하는 법을 배운다. 그래야 차가운 공기를 견딜 수 있기 때문이다. 사업에서 가장 중요한 건 타이밍이다. 관련해 이런 말이 있다. 한발 앞서면 망하고 반 발만 앞서야 한다. 근데 반 발을 앞서려면 어떻게 해야 할까? 몸이 가벼워야 한다. 그래야 빨리 변할 수 있다. 몸이 무거우면 불가능하다. 사람도 그렇고, 조직도 그렇고, 심지어 소프트웨어도 그렇다.

가시 돋친 말을 하는 이유

일일부독서—日不讀書 구중생형극口中生荊棘. 안중근 의사가 한 말로 유명하다. 글자 그대로 해석하면 "하루만 책을 읽지 않아도 입안에 가시가 생긴다."란 말이다. 입에 가시가 생기다니? 알다가도 모를 일이다. 무슨 가시? 난 이 말을 '책을 읽지 않으면 가시 돋친 말을 많이 하게 된다.'로 재해석한다.

주변에 늘 말로 상처 주는 사람이 있다. 극한적인 말, 독한 말로 사람을 죽이는 사람이다. 말 한마디로 쿡쿡 사람을 찌르고 힘들게 한다. 이런 사람들은 자신은 늘 옳고 남은 늘 틀렸다고 생각해 자기 생각을 남에게 강요한다. 왜 그럴까? 자신을 돌아보지 않기 때문이다. 왜 돌아보지 않을까? 책을 보지 않기 때문이다. 책은 저자와 얘기하는 것 같지만 사실 자신과 얘기하는 것이다. 저자의 글을 읽으면서 자신도 모르게 그걸 자신에게 대입하면서 반성하게 된다.

근데 책을 읽지 않으면 늘 아집과 독선에 빠진다. 자신의 틀린 생각을 더욱 굳히면서 다르게 생각하는 사람을 미워하고 가시 박힌 말을 마구 던진다. 결국 그는 자신의 말 때문에 큰일을 당할 것이다. 지금 자신이 던진 말로 인해 고생하는 사람을 보면서 드는 생각이다.

가장 느린 사람의 보폭에 맞추는 이유

토요타는 재고를 죄악으로 간주한다. 쓸데없이 물건을 만들어 쌓아놓는 걸 병적으로 피한다. 그래서 간판방식, 적시생산 같은 제도를 만들어 운영하고 있다. 그때그때 필요에 따라 음식을 만들듯이 주문을 받은 후 제작에 들어가자는 것이다. 또 다른 공장 운영의 노하우 중 하나는 병목구간을 찾아 해결하는 것이다. 다른 공정이 잘 흘러도 특정 구간에서 시간이 걸리면 그 구간 때문에 다른 공정은 놀게 된다. 그런 걸 없애고 일정한 속도로 균형 있게 생산하는 걸 최적화라고 부른다.

근데 공장 운영과 등산이 비슷하다. 등산할 때는 가장 느린 사람을 앞에 세우고 가장 빠르고 건장한 사람을 맨 뒤에 배치한다. 왜 그럴까? 빠른 사람이 앞장을 서면 어느 순간 앞과 뒤가 벌어져 대오가 흐트러진다. 자칫하면 뒤에 오던 사람이 쫓아올 수 없어 서로 찾아 헤맬 수 있다. 근데 느린 사람을 맨 앞에 배치하면 그 사람 속도에 전체를 맞출 수 있다. 전체 행군 속도는 늦을 수 있지만 전체가 같이 움직일 수 있다.

걱정하는 이유

걱정도 팔자다. 전문적으로 걱정만 하는 사람이 있다. 걱정이 직업인 사람도 있다. 걱정하는 걸 대단한 애국으로 착각하는 사람도 있다. 근데 왜 사람들은 걱정할까? 사람들이 걱정하는 이유는 걱정거리를 없애기 위해 뭔가 하는 것보다는 걱정하는 것이 비용이 적게 들기 때문이다. 걱정을 하면 뭔가 가치 있는 일을 하는 걸로 착각하지만 사실 아무것도 하지 않는 것이다. 걱정의 결과물은 두통뿐이다. 그런 면에서 걱정하는 건 흔들의자에 앉아 있는 것과 같다. 뭔가 하는 것 같지만 사실은 아무것도 하지 않는 것이다. 세상에서 제일 영양가 없는 일이 바로 쓸데없이 걱정하는 일이다.

격언을 현실도피 수단으로 사용하면 안 되는 이유

젊은 친구에게 신봉하는 격언을 물었더니 '이 또한 지나가리라.'란 격언을 얘기한다. 느낌이 묘했다. 난 이 말을 들을 때마다 과연 그 말이 맞을까? 별다른 노력을 하지 않는데 과연 별일 없이 그냥 지나갈까란 의구심이 생긴다. 지금처럼 아무것도 하지 않으면 이 또한 지나가지 않을 것이다. 더 힘든 일이 닥칠 것으로 생각한다. 이 말을 현실도피의 수단으로 사용하면 안 된다. 현실은 현실이다. 내가 현실 문제를 대면해 적극적으로 응해야 문제를 해결할 수 있다. 모래 속에 머리를 파묻은 타조처럼 현실을 외면한다고 문제가 해결되는 건 아니다. 이 말은 아무 때나 쓸 수 있는 말이 아니다.

결론부터 말해야 하는 이유

높은 사람, 잘나가는 사람들의 특징은 다들 바쁘고 시간에 쫓긴다는 것이다. 쓸데없는 곳에 시간을 쓰는 것과 자기 시간을 빼앗는 사람을 싫어한다. 당연히 그들은 결론부터 얘기하는 걸 좋아한다. 정보도 많고 아는 것도 많아서 대부분 척하면 무슨 말인지 알아듣는다. 결론부터 말하면 일단 시간이 절약되어서 좋다. 말하는 사람도 편하고 듣는 사람도 편하다. 결론부터 얘기하는 건 최고의 배려다.

만약 그들 입에서 "그래서 원하는 게 뭡니까? 하고 싶은 말이 뭔가요?"란 말이 나오면 당신은 원하는 걸 얻을 수 없다. 근데 결론부터 말하는 건 절대 쉽지 않다. 결론부터 얘기하려면 업무 전체를 알아야 한다. 뭐가 중요하고 뭐가 덜 중요한지, 이 일의 핵심은 무엇인지, 어디부터 일을 풀어가야 할지 파악해야 한다. 논리 정연해야 한다. 자신감도 있어야 한다. 보고를 받는 사람이 무얼 궁금해하는지도 알아야 한다. 무엇보다 중요한 건 자기만의 의견과 그렇게 생각하는 근거가 명확해야 한다. 그게 없는 상태에서 결론부터 얘기하다 상대가 던지는 질문에 답을 못 하면 그 자체로 재앙이다.

최고의 시나리오는 보고자가 내린 결론에 상사가 별다른 이의 없이 동의하는 것이다. 그럼 게임 끝이다. 다음으로 좋은 건 추가로 궁금한 걸 상사가 묻고 그 질문에 명확하게 답을 해서 궁금한 게 해소되면 된다.

결정을 못 하는 이유

가치관이 불명확하고 자신의 최우선 과제가 무엇인지 잘 모르기 때문에 발생한다. 가치관이 있어도 가치관대로 살지 않을 때 일어난다. 그럼 우선순위가 흔들린다. 그때그때 다르고 일관성이 없다. 결과는 어떨까? 신뢰를 얻지 못한다.

겸손해야 하는 이유

만초손慢招損 겸수익謙受益이란 한자 성어가 있다. 교만이 손실을 부르고 겸손이 수익을 낸다는 뜻이다. 글자 그대로 교만하면 손해를 보고 겸손하면 이익이 생긴다는 뜻이다. 이유는 무엇일까? 교만은 그 자체로 위험하고 어리석은 행동이다. 교만하면 가장 먼저 사람들의 저항을 불러일으킨다. 사람들 입에 오르내린다. 저 사람은 안 되겠다, 저 사람은 못 쓰겠다, 자신이 뭐라도 되는 걸로 착각하는 것 같다는 얘기를 듣게 되고 그러면서 적이 생기고 시기 질투하는 사람들이 늘어난다. 별다른 생각 없이 하는 행동이지만 그것의 결과물은 엄청나다.

역사가 검증한 확실한 원칙 중 하나는 교만하면 반드시 무너진다는 것이다. 『성경』「잠언」에도 이렇게 나와 있다. '교만은 패망의 선봉이요, 거만한 마음은 넘어짐의 앞잡이니라. 겸손한 자와 함께하여 마음을 낮추는 것이 교만한 자와 함께하여 탈취물을 나누는 것보다 나으니라.' 겸손해야 하는 이유다.

경쟁자가 필요한 이유

에이브러햄 링컨은 1860년에 대통령에 당선되자마자 새먼 체이스 상원의원을 재무장관에 기용키로 했다. 많은 사람이 반대했다. 그는 과대망상중 환자다, 최고 권력을 추구하고 머릿속에는 백악관 입성밖에 없다, 사석에서 자신이 당신보다 낫다고 떠들고 다닌다 등등. 그 말을 들은 링컨은 "혹시 저보다 뛰어나다고 생각하는 사람이 더 있나요? 있으면 추천해주세요."라고 답하면서 임명했다. 실제 새먼 체이스 상원의원은 훌륭한 인물이었다. 재정 예산과 거시경제 조정 등에서 뛰어난 활약을 했다.

그는 호시탐탐 링컨을 끌어내릴 준비를 하고 있었지만 개의치 않았다. 그런 말을 들을 때마다 이렇게 얘기했다. "예전 켄터키에서 옥수수밭을 일굴 때의 일입니다. 저는 말을 끌고 형이 쟁기를 끌었지요. 원래 이 말은 엄청 게을러요. 근데 언제부터 날아갈 듯 부지런히 움직입니다. 이유를 알지 못했어요. 나중에 알고 보니 말 등에 붙은 커다란 말파리 때문이에요. 불쌍해서 말파리를 죽이려고 했더니 형이 말리더군요. 말파리 때문에 이 말이 그렇게 부지런하다는 것이지요. 지금 대통령 욕심에 가득한 말파리 한 마리가 제 등에 앉아 저를 쏘고 있어요. 덕분에 긴장하면서 일을 잘하고 있습니다." 새먼 체이스의 존재는 링컨에게 큰 위기감을 주었다. 경쟁 상대를 적극적으로 받아들여야 하는 이유다.

쑹린의 저서 『유대인 생각공부』에 나오는 내용이다.

고독이 필요한 이유

고독은 나를 만나는 시간이다. 다른 사람이 아니라 나 자신을 만나 솔직하게 마음을 터놓고 얘기하는 시간이다. "나는 고독이란 말을 좋아한다. 고독은 평온을 의미한다. 그 말은 내게 편안하고 매력적으로 들린다. 그 말을 들으면 언덕 위에 홀로 서 있는 나무, 눈 오는 날의 편안한 안락의자, 몬태나 하늘 아래 있는 작은 오두막집이 떠오른다. 고독은 기분 좋고 건강하게 들리며 애처로운 느낌이 전혀 없다." 소피아 뎀블링이 쓴 『나는 내성적인 사람입니다』에 나오는 대목이다.

당신은 고독에 대해 어떻게 생각하는가? 고독 하면 무엇이 연상되는가? 인간은 고독을 통해 성장한다. 늘 사람들에 둘러싸여 지내는 사람은 성장하기 어렵다. 인간이 고독을 음미할 수 있는 이유는 역설적으로 우리가 무리생활을 하며 살아온 동물이기 때문이다. 혼자 사는 사람에겐 고독이란 단어가 의미가 없다. 고독이 필요한 이유는 우리가 늘 사람들에 둘러싸여 살기 때문이다. 우리는 자는 동안만이라도 고독해야 한다. 자는 동안만이라도 자신을 만나야 한다.

공격이 위험한 이유

"공격이 최선의 수비다."란 말을 한다. 과연 그럴까? 그럴 수도 있고 그렇지 않을 수도 있다. 수비만 하다가는 아무 성과를 낼 수 없다는 면에서는 맞다. 피박을 면하는 것을 목표로 하면 적게 잃을지는 몰라도 큰돈을 딸 수 없다. 때로는 위험을 무릅쓰고 '쓰리고'를 불러야 한다. 허구한 날 원가절감만 하는 조직의 장래는 밝지 않다. 자기만의 필살기가 있어야 하고 그게 없다면 돈이 들어도 필살기를 얻기 위해 투자를 해야 한다.

하지만 공격에는 위험이 따른다. 공격할 때 가장 큰 허점이 드러난다. 모든 무술에서 가장 위험할 때는 공격을 할 때다. 그래서 고수들끼리 붙었을 때는 탐색에 많은 시간을 들인다. 투자도 그렇고 기업의 흡수합병도 마찬가지다.

공부의 의지가 사라진 이유

생전 공부하지 않는 사람들이 지천이다. 신문 하나 읽지 않고 책 한 줄 보지 않지만 늘 확신에 차 있어 남을 비판하고 비난하는 데 오랜 시간을 쓴다. 정말 신기하다. 이렇게 공부를 안 하는 사람이 어떻게 저렇게 확신으로 넘칠 수 있을까? 사실 신기한 건 하나도 없다. 공부하지 않기 때문에 확신할 수 있는 것이다. 만약 공부한다면 그런 확신 따위는 사라지기 때문이다. 왜 그들은 이렇게 공부하지 않을까? 가장 흔한 경우는 정말 공부가 싫어서 하지 않는 것이다. 학교 다닐 때야 할 수 없이 했지만 지금은 공부하지 않아도 뭐라고 할 사람이 없는데 내가 왜 공부해야 하는지 이해하지 못하는 것이다. 그런 사람은 속수무책이다. 방법이 없다. 그렇게 살다 가게 놔둬야 한다.

또 다른 하나는 정말 공부해야 할 대상인데 이를 공부의 대상으로 생각하지 않는 것이다. 건강이 그렇고 대인관계가 그렇다. 건강을 공부해야 한다고 생각한 적 있는가? 대부분 아무 생각이 없다. 건강을 공부하지 않으니 늘 이 말이 옳은 것 같고 저 말이 틀린 것 같다. 중심이 흔들린다. 당연히 건강을 외주 주면서 건강 문제에 시달린다. 어떻게 하면 이를 극복할 수 있을까? 이 세상 모든 것이 공부의 대상이란 사실을 인지해야 한다. 현재 내가 알고 있는 건 별거 아니다. 그보다 공부해야 할 대상이 훨씬 많다는 사실을 인지해야 한다. 무엇보다 공부의 즐거움을 알아야 한다. 세상에는 다양한 즐거움이 있지만 난 공부만큼 큰 즐거움을 주는 걸 알지 못한다.

공부하는 이유

몰라서 안 하는 게 있을까? 거의 없다. 아는 것을 지키지 않거나 실천하지 않는 게 문제다. 착하게 살아라, 거짓말하지 마라, 남에게 베풀어라, 운동하고 담배를 끊어라 등등. 그중 모르는 게 있는가? 없다. 왜 공부하는가? 공부의 목적이 뭔가? 모르는 것을 알려는 것+이미 알고 있는 걸 잊지 않는 것, 잊고 있었던 걸 되살리는 것이 공부의 목적이다. 상사에게 꾸중을 들을 때 가장 많이 하는 말이 있다. "몰랐습니다. 죄송합니다." 과연 몰랐을까? 몰랐다면 용서가 되는 것일까?

또 다른 목적은 자기 확신을 깨는 것이다. 우리가 실패하는 이유는 제대로 알지 못하는데 안다고 착각하기 때문이다. 공부는 이런 잘못된 확신을 깨는 역할을 한다. 또 다른 이유는 한 단계 자신을 올리기 위해서다. 공부해야 클래스가 올라간다. 클래스에는 두 가지 뜻이 있다. 하나는 수업이고, 또 다른 하나는 사회적 계급이다. 왜 그럴까? 수업 시간을 어떻게 보내느냐에 따라 사회적 계급이 결정된다는 뜻이다.

공부할수록 유연해지는 이유

아는 것이 별로 없기 때문이다. 공부하지 않기 때문이다. 알량한 지식을 지식의 전부로 착각하기 때문이다. 세상에서 가장 위험한 일은 자기 생각에 확신하는 것이다. 확신의 이유는 무지다. 모르기 때문에 확신하게 된다. 공부하면 할수록 자신을 의심하게 된다. 공자님이 얘기하는 학즉불고學則不固다. 공부할수록 유연해진다.

공처가가 성공하는 이유

공처가가 성공하는 이유를 알고 있는가? 공처가는 집에서 힘든 시간을 보낸다. 아내의 잔소리와 구박에 익숙하다. 상대적으로 그들은 회사가 좋고 편하다. 어디를 가도 집보다 낫다고 생각한다. 당연히 회사에서 오랜 시간을 보내니 회사에서의 성공 확률이 높아진다. 공처가는 잘 듣는 사람이다. 잘 들을 수밖에 없다. 듣는 것이 몸에 밴 사람이다. 이런 특성은 대인관계에 큰 도움이 된다. 자기 말을 하는 것보다 남의 말을 열심히 듣다 보면 사람들에게 인정받을 가능성이 크다.

매서운 시집살이를 한 사람 역시 회사에서 성공할 가능성이 크다. 어딜 가도 시어머니보다는 편하기 때문이다. 단련된 것이다. 부모 자식 관계도 그렇다. 부모가 철이 없으면 자식이 성숙할 수 있다. 철딱서니 없는 부모를 보면서 나는 저렇게 살지 않겠다고 결심하기 때문이다. 이를 보면 늘 나쁜 것만도 없고 늘 좋은 것만도 없다. 좋은 것과 나쁜 것이 늘 섞여 있다. 다만 우리가 이를 느끼지 못할 뿐이다.

관계가 결과를 좌우하는 이유

고객에게 당신은 어떤 존재인가? 대체 불가능한 존재인가, 아니면 쉽게 대체 가능한 존재인가? 당신 아니면 그 일을 할 사람이 없는가, 아니면 그 정도 일을 할 수 있는 사람은 지천으로 널려 있는가? 당신이 그 일을 맡지 않을까 고객이 노심초사하는가, 아니면 그 일을 맡지 못할까 봐 당신이 노심초사하는가?

만약 배관공이 당신에게 전화를 걸어 점심이나 하며 최신 납땜 기술에 대해 논하자고 한다면 어떤 반응을 보이겠는가? 평판 좋은 배관공이 찾아와 훨씬 싼 가격에 해주겠다고 제안하면 어떻게 하겠는가? 양심의 가책 없이 바꿀 가능성이 클 것이다. 근데 주치의는 다르다. 만약 주치의가 전화해 "검사 결과가 나와서 전화했습니다. 아무래도 한 번 들러 주셔야 하겠는데요. 의논할 게 있어서요."란 말을 한다면 당신 반응은 어떨까? 가능한 이른 날짜에 그를 방문해 그의 얘기를 들을 것이다.

모든 관계는 다르다. 모든 관계는 변한다. 관계에 따라 결과도 변한다. 난 지금 그 사람과 어떤 관계에 놓여 있을까? 늘 생각해야 할 주제다.

앤드루 소벨과 제럴드 파나스가 공저한 『관계가 결과를 바꾼다』에 나오는 내용이다.

교육이 변해야 하는 이유

교육의 중요성은 아무리 강조해도 지나치지 않다. 우리 교육의 방식은 변해야 하고 그중 정보 전달 시간은 최소화해야 한다. 정보의 가격이 달라졌기 때문이다. 과거에는 정보가 귀하고 비쌌다. 지금은 검색만 하면 웬만한 정보는 다 구할 수 있다. 구글이나 네이버만 검색해도 나오는 정보를 그 귀한 시간에 다른 사람에게 전달한다는 건 생각만 해도 하품 나오는 일이다.

그렇다면 어떻게 해야 할까? 미리 화두를 주고 거기에 대한 정보를 알아서 찾게끔 하든지, 미리 읽을거리를 주면 된다. 각자 읽으면서 정리한 생각을 수업시간에 나누면 된다. 그래서 난 파워포인트를 쓰지 않는다.

구설에 오르는 이유

지금 구설에 오른다면 반드시 이유가 있다. 아니 땐 굴뚝에 연기 나지 않는다. 내가 무언가 빌미를 주었기 때문이다. 구설은 나에 대한 경고다. 경고를 무시하면 구설수는 증폭된다. 구설은 그 사람에 대한 평판이다. 평소 행동을 보면서 그럴 걸로 생각했기 때문에 구설에 오르는 경우는 자신을 바꾸는 길밖에 방법이 없다. 분하다고 펄펄 뛸 일도, 구설을 퍼뜨린 사람을 탓할 일도 아니다. 내가 덕이 없어서 그런 것이니 받아들이고 나를 변화시켜야 한다.

구설에 오르지 않으려면 두 가지를 피해야 한다. 첫째는 남들이 흉볼 때 거들지 않는 것이다. 둘째는 가까이 있는 사람에게 말조심하는 것이다. 구설은 가까운 사람이 만들어낸다. 그 사람과 가깝고 잘 안다는 걸 과시하기 위해서다. 그리고 사람들은 그 말을 철석같이 믿고 퍼뜨린다. 가까운 사람이 그렇게 말했다고 하니 거칠 것이 없다. 분수에 맞지 않게 너무 잘돼도 구설에 오른다. 그 사람의 역량이나 노력 이상으로 이익을 얻고 대접을 받으면 입방아에 오른다. 기대에 부응하지 못할 때도 입방아에 오른다.

돈을 많이 벌거나 높은 지위에 올라가면 그 사람에게 기대하는 수준이 올라간다. 돈을 벌었으면 밥도 좀 사야 한다. 결국 구설수에 대처하는 방법은 나를 돌아보는 것이다.

강원국의 저서 『강원국의 아름답게 말합니다』에 나오는 내용이다.

국악이 약한 이유

음악의 3요소가 있다. 리듬, 멜로디, 하모니다. 한국인은 리듬에 강하다. 끝내주는 리듬감이 있다. 월드컵 때 온 국민이 같이 외친 "대-한민국"을 외국인들은 잘 못 한다. 4분의 3박자는 쉽게 따라 하기 어렵다. 멜로디도 좋다. 근데 하모니가 약하다. 아니, 국악에는 하모니란 개념이 없는 것 같다. 혹시 우리가 조화보다는 갈등에 익숙한 이유가 그게 아닐까?

균일가 숍이 선진국에서 더 잘되는 이유

흔히 균일가 숍은 국민 소득이 낮은 저개발 국가에서 잘될 것이라고 예상하지만 실상은 그 반대다. 오히려 미국이나 일본처럼 중산층 비율이 높은 국가에서 반응이 좋다. 왜 그럴까? 선진국 고객일수록 다양한 구매 경험으로 더 합리적이고 알뜰한 소비문화를 형성하고 있기 때문이다. 그리고 이렇게 용도에 따라 다양한 제품을 사용할 수 있는 사회는 경제적으로나 문화적으로 발전한 사회라는 것을 의미한다. 경제적으로 어려운 상황이라면 다양성이 존재하기 힘들다.

불과 10~20년 전 우리나라를 생각해보면 쉽게 알 수 있다. 집 안에 가위 하나로 종이도 자르고 옷감도 자르고 머리카락도 잘랐다. 용도에 맞는 가위가 따로 존재한다고 생각하지 못했을 뿐만 아니라 혹여 알고 있다 해도 그것을 구매할 여력이 되는 사람이 많지도 않았다. 근데 지금은 어떤가? 용도에 따라 가위가 여러 종류다.

박정부 다이소 회장의 저서 『천 원을 경영하라』에 나오는 내용이다,

그를 좋아하는 이유

가족과 함께 지내는 시간이 길어지면서 집안 분위기가 이상하다. 자기들끼리 키득대며 말하는 소리가 들린다. 자꾸 "왜 그래? 아빠같이." 그런다. 아내까지 가세해 아주 신났다. 여기서 아빠란 "아주 사소한 것에 삐치고, 한번 삐치면 회복하는 데 아주 오래 걸릴 뿐만 아니라 뒤끝도 한없이 긴, 배 나오고, 머리가 듬성듬성한 오십 넘은 쓸쓸한 인간을 뜻하는 일반 명사다." 김정운 교수가 쓴 책의 한 대목이다.

보통 사람들은 자신을 객관적으로 보지 못한다. 남들은 그렇게 생각하지 않는데 스스로 꽤 괜찮은 사람이라고 착각을 한다. 그런 착각을 한다는 것은 그만큼 머리가 나쁘다는 것이다. 주제 파악을 못 한다는 방증이다. 그래서 재미없다. 김 교수는 다르다. 그는 자신을 객관적으로 볼 줄 안다. 자신과 남들이 보는 자신 사이에 갭이 적다. 실제 자신을 뚝 떨어져 볼 수 있다. 그래서 재미있다. 내가 그를 좋아하는 이유다.

글을 써야 하는 이유

2004년 6월 9일 오후 6시 2분에 제프 베이조스는 아마존에서 파워포인트 사용을 전면 금지했다. 이메일로 '지금부터 파워포인트 프레젠테이션을 금지합니다.'라고 보냈다. 왜 파워포인트를 금지했을까? 그가 생각하는 파워포인트란 항목 표시와 멋진 도표로 치장함으로써 그저 그런 아이디어를 멋져 보이게 만드는 끔찍한 세일즈 도구일 뿐이다. 또 본인이 직접 작성하지 않고 부하가 만든 자료를 마치 본인의 아이디어처럼 보이게 한다. 결함 있고 불완전한 아이디어를 마구 양산한다. 난 오래전부터 파워포인트를 사용하지 않는다. 초반에 몇 년 사용하다가 아니다 싶어 사용하지 않는다. 내가 생각하는 파워포인트는 파워도 포인트도 없다.

그렇다면 대안은 무얼까? 글쓰기다. 글을 쓰면서 자기 생각을 정리하는 것이다. 근데 그냥 글이 써질까? 쉽지 않다. 글을 쓰기 위해서는 우선 하고 싶은 말이 많아야 한다. 지식이 차고 넘칠 때도 있고 억울한 일을 누군가에게 털어놓고 싶은 충동이 될 수도 있다. 무엇보다 자극을 받을 때 글이 나온다. 내 안에 그런 생각이 있었는데 무언가를 보거나 들었을 때 그게 나오는 것이다. 그래서 면벽수도面壁修道를 하는 것보다는 여러 사람과 어울려 다양한 생각을 주고받을 때 아이디어가 떠오른다. 내가 새벽마다 글을 쓰는 이유이기도 하다.

책을 보고, 남이 하는 강연을 듣고, 유튜브를 보는 것은 모두 생각을 자극하는 행위다. 근데 가장 생산성이 높은 건 역시 글쓰기다. 길게 쓸 필요는 없다. 짧지만 강력하게 자기 생각을 드러내는 훈련을 해야 한다. 그러면서 자신의 뇌를 변화시켜야 한다. 여러분이 생각하는 최선의 뇌 훈련은 무언가? 이를 위해 어떤 노력을 하고 있는가?

금지가 위험한 이유

금지를 이겨낸 결혼일수록 이혼율이 높다. 더 이상 금지된 사랑이 아니기 때문이다. 개인뿐만 아니라 문화도 그렇다. 금지의 나라일수록 하위문화가 강력하고 화끈하다. 그래서 독일과 일본의 하드코어가 그토록 강렬한 것이다. 진짜 심각한 문제는 금지가 반복되고 지속될 때 생긴다. 처음에는 심리적으로 저항하고 분노하던 사람들이 어느 순간 금지에 익숙해지기 시작한다. 나중에는 외적 금지가 없어도 스스로 금지하고 체념하는 학습된 무기력에 빠진다. 금지를 내면화하고 체념하는 것처럼 무서운 질병은 세상에 없다.

그렇기 때문에 모든 종류의 금지에 대해 고민해야 한다. 금지에 대한 사회적 성찰을 해야 한다. 성숙한 사회란 온갖 종류의 금지에 대한 사회적 담론의 유무로 결정된다. 조용하고 안정되었다고 좋은 사회가 아니다. 일본이 안타까운 이유는 금지에 대한 어떤 저항도 불가능한 사회이기 때문이다.

김정운 교수의 저서 『가끔은 격하게 외로워야 한다』에 나오는 내용이다,

기계치가 좋은 이유

"난 기계에 대한 본능적인 공포가 있다. 그건 기계에 대한 정신적, 시간적 투자를 하지 않기 때문이다. 두려움이 있으면 그걸 그냥 두려워할 게 아니라 직시하고 대처함으로써 두려움을 극복할 수 있다. 기계에 대한 공포는 피하고 도망치는 일종의 게으름이다. 불안은 일종의 도피 현상이고 게으름이기 때문이다. 스트레스도 정신적 게으름에서 비롯된다. 일을 하고 있는 자신과 도망가려는 자신과의 괴리 현상. 이 거리가 멀수록 스트레스는 심하다. 기계에 대한 불안도 기계에서 도망치려는 마음과 기계를 다루어야 한다는 현실적 의무감의 대립에서 오는 이중심리 때문이다."

바둑 외엔 아무것도 하지 못하는 바둑의 고수 조훈현이 한 말이다. 그는 운전도 못 해서 어딜 갈 때는 꼭 아내의 신세를 진다. 그 자신이 기계치이기 때문에 이런 생각을 한 것 같다. 나 역시 기계치여서 그런지 조훈현의 말에 크게 공감했다. 내가 기계를 다루는 데 서툰 것은 기계에 대해 생각하지 않고 시간을 투자하지 않기 때문이다. 근데 기계치로 사는 것도 나쁜 것만은 아니다. 가족은 내게 기계와 관련한 것은 아예 기대하지 않는다. 아니 오히려 여러 가지를 도와준다. 덕분에 시간적 여유가 생긴다.

기업이 사회에 기여해야 하는 이유

좋은 동네에서 못사는 것과 나쁜 동네에서 잘사는 것 중 하나를 택하라면 어느 것을 택하겠는가? 정답은 전자다. 주변이 온통 공기가 나쁜데 당신 집에만 공기청정기를 들여놓는 것과 맑고 푸른 숲 사이에 아무런 장치 없이 사는 것과 과연 어느 쪽 삶의 질이 높을까? 볼 것도 없이 전자다. 부(富)도 이와 같다. 사회 전반이 먹고살 만해야 부자도 돈을 벌 수 있다. 주변이 굶주리고 벌거벗은 아프리카 같은 곳에서 사업하는 건 쉽지 않다. 기업의 사회적 책임은 이런 차원에서 볼 수 있다.

혼자 잘사는 것은 잘사는 것이 아니다. 사회 전체가 풍요로울 때 너도나도 잘살 수 있는 것이다. 일본 경제의 아버지라 불리던 시부사와 에이이치는 이런 사실을 일찍 깨우쳤다. "한 개인이 아무리 부자가 되어도 사회 전체가 가난하다면 그 개인의 부는 보장받지 못한다. 사업가는 개인의 이익을 취하기 앞서 사회의 이익을 먼저 생각해야 한다." 그는 일본 제일국립은행장으로 무려 500여 개의 기업을 창설하는 데 앞장섰고 그 자신도 왕자제지의 창업자이다.

까마귀가 바람 부는 날에 집을 짓는 이유

한창 모 화장품이 중국에서 엄청나게 팔릴 때의 일이다. 너무 사업이 잘되니까 모두 기고만장했다. 이익은 물론 주가까지 하늘 높은 줄 모르고 올랐다. 다들 그런 분위기에 취해 있었다. 흥청망청했고 다들 뭐라도 된 것 같은 착각 속에 있었다. 그때 회장이 임원들에게 까마귀는 언제 집을 짓는지 아느냐고 질문했다. 아무도 답을 못했는데 회장이 바람이 아주 세게 부는 날 집을 짓는다고 얘기했다. 맑고 바람이 잔잔한 날을 놔두고 왜 그런 날 집을 지을까? 그 이유를 물었다. 바람이 없는 날 지은 집은 바람이 불면 무너질 수 있지만, 바람이 부는 날 지은 집은 바람이 불어도 상관없기 때문이다.

회장은 무슨 말을 하려 했던 것일까? 심플하다. 지금 우리가 잘나가는 것이 우리 실력 덕분인지, 아니면 외부 환경 덕분인지 잘 생각해보라는 것이다. 그렇다면 현재는 어떨까? 회장의 우려대로 지금 그 회사는 고전을 하고 있다. 그들이 잘나간 건 실력이 아니라 외부 환경 때문이란 것이 증명된 것이다. 현재 잘나가는가? 그게 당신 실력인가? 아니면 외부 환경 덕분인가? 밀물 때는 죽은 고기도 떠오른다.

꺼진 불도 다시 봐야 하는 이유

실제 있던 일이다. 잘나가던 임원이 물을 먹어 한직으로 밀려났다. 대부분의 사람들은 그 사람의 커리어는 끝났다고 판단했다. 그 자리는 그만두는 사람들이 거쳐 가는 자리이기 때문이다. 당연히 그 사람 주변에 들끓던 사람들 발길이 끊겼다. 이전에는 1년 골프 스케줄이 차 있었는데 자리를 옮기자 텅 비었다. 우연히 그 시점에 그를 만날 일이 있었다. 이전에는 만나자는 엄두가 나지 않았던 사람이다.

그가 식사하던 내게 이런 질문을 했다. "저 사람이 내 사람인지 아닌지를 어떻게 구분하는 줄 아세요?" 모르겠다고 하자 그는 이런 얘기를 했다. "어려움에 빠지면 됩니다. 망하든가 물을 먹어보면 누가 진품인지 바로 알 수 있습니다. 그전에는 몰랐어요. 다들 제 앞에서 미소를 짓고 입안의 혀처럼 구니까 내가 좋아 그러는 걸로 착각했어요. 물을 먹어 이런 한직에 오니까 대번에 누가 진짜인지, 가짜인지를 알겠네요." 얼마 후 그 사람은 가장 중요한 보직으로 화려하게 복귀했다. 결과가 어땠을까? 상상에 맡긴다. 그리고 한 사람의 스타가 탄생한다. 그가 물을 먹었을 때 변함없이 그를 챙겼던 후배다. 이후 그 조직에선 이런 말이 돌았다. "꺼진 불도 다시 보자."

나눠야 하는 이유

아바가 부른 「승자독식Winner takes all」이란 노래를 좋아한다. 승자가 모든 걸 독식한다는 말이다. 자주 쓰는 말이고 플랫폼 회사가 생기면서 사람들이 그 말에 동의하는 것 같다. 일등을 빼면 나머지는 다 죽는다고 생각한다. 근데 과연 그럴까? 이게 진리일까? 그렇지 않다. 독식하는 조직은 위험하다. 왜 공정거래위원회가 생기고 반독점법이 생겨난 것일까? 그만큼 독점은 위험하다는 증거다. 프란스 드 발의 저서 『침팬지 폴리틱스』에 나오는 얘기를 소개한다.

동물의 세계에서는 우두머리 수컷은 절대 전부를 거머쥐지 않고 나눈다. 왜 그럴까? 자칫하면 동맹을 맺은 여러 수컷이 기존 우두머리를 무너뜨리고 그 자리를 차지할 것을 알기 때문이다. 권력을 나누지 않으면 동료 침팬지들이 다른 침팬지들과 동맹을 맺고 호시탐탐 대장 침팬지를 노리다 결국 몰락시킨다는 것이다. 독식을 계속하면 어제의 동료가 오늘의 적이 되는 것이다. 짝짓기의 경우도 독식하지 않는다. 스무 마리의 암컷이 있다면 우두머리 수컷이 상당수를 차지한다. 그다음 두 번째 서열의 수컷이 몇 마리를 차지하고 그다음 서열이 몇 마리를 차지한다. 그렇게 하지 않으면 시스템이 유지되지 않는다는 걸 동물들은 잘 알고 있다. 오히려 인간이 그 사실을 모른다. 승자독식을 하다 한 방에 훅 가는 것이다.

나쁜 뉴스를 먼저 알아야 하는 이유

잘나가는 조직의 특성 중 하나는 나쁜 뉴스를 먼저bad news first 말하게 하는 것이다. 좋은 뉴스는 굳이 회의 석상에서 할 필요가 없다. 근데 나쁜 뉴스는 다르다. 어떤 문제가 있는지 있는 그대로를 말하게 하고 빨리 해결하는 게 좋다. 그래야 한다. 근데 대부분의 조직은 이와는 반대로 행동한다. 좋은 일은 보고하고, 좋지 않은 일은 보고하지 않는다. 나쁜 뉴스를 전하는 부하의 목을 베기 때문에 좋지 않은 일도 잘 포장해 상사의 심기를 건드리지 않으려 한다. 이렇게 되면 정말 알아야 할 사실을 알지 못하고 몰라도 좋은 사실은 알게 된다.

문제를 그때그때 해결하지 않고 엉뚱한 곳에 에너지를 쓰면서 조직은 멍이 든다. 정말 어려운 일 중 하나는 사실을 있는 그대로 보는 능력이다. 현재 당신이 보고 알고 있는 게 진짜 사실인가? 혹시 원하는 대로 사실을 왜곡해서 보는 건 아닌가? 당신이 제대로 보고 있다는 사실을 어떻게 증명할 수 있는가?

나이 들수록 고집스러워지는 이유

체력저하 때문이다. 기존 생각을 바꾸고 새로운 생각을 받아들이기 위해서는 엄청난 에너지가 필요하다. 근데 나이가 들면서 그럴 만한 체력이 없다. 생각을 바꾸는 데 따르는 체력손실을 보전할 방법이 없기 때문이다. 체력이 곧 유연성이다. 컨디션이 안 좋으면 짜증이 많아지고 새로운 생각이나 아이디어에 폐쇄적으로 된다. 체력을 길러야 하는 이유다.

나이가 들면 근육이 주는 이유

근육은 에너지를 많이 소비한다. 당연히 많이 먹어야 한다. 근데 나이가 들면서 위장이나 기타 내장이 예전 같지 않다. 많이 먹은 음식을 소화하기 어렵다. 방법은 근육을 줄여 에너지 소비를 줄이는 것이다. 그런 걸 보면 몸은 늘 최적화를 위해 노력하는 기관이다.

나이가 들면 아내를 찾는 이유

스탠퍼드대학교의 로라 카스텐센 교수는 늙는 것에 대한 편견을 깨는 연구를 했다. 나이를 먹으면서 사회관계가 어떻게 변하고 왜 그런지를 연구했다. 패턴은 명확했다. 시간이 흐를수록 예외 없이 사회관계망의 크기가 줄어들었다. 예전에는 이를 삶의 질이 떨어지는 증거로 사용했지만 현재는 그렇지 않다. 노인들은 의도적으로 사회관계를 줄이는 쪽을 선택한다. 사회적, 정서적 이득을 최대화하고 위험을 최소화하기 위한 전략적인 선택이다. 변변치 않은 관계를 없애고 가까운 친구와 가족 같은 핵심적 관계에 집중하기 위해서라는 것이다.

삶의 끝이 가까워지면 정말 의미 있는 관계에만 집중하게 된다. 그래서 나이를 먹을수록 "마누라밖에 없다. 마누라가 최고이고 가족이 전부다."란 말을 한다.

브라이언 크리스천과 톰 그리피스가 공저한 『알고리즘 인생을 계산하다』에 나오는 이야기다.

나이가 들수록 시간이 빨리 흐르는 이유

"그곳은 사계절이 없어요. 늘 비슷한 날씨지요. 근데 그게 기억에 영향을 주는 것 같아요. 우리는 사건과 날씨를 연결해 기억하는 경향이 있어요. 졸업하는 날 몹시 추웠지, 그녀와 처음 만난 날 비가 엄청나게 왔지 등등. 근데 이곳은 하루하루가 비슷비슷합니다. 기억도 잘 나지 않고 시간이 아주 빨리 흐르는 것 같습니다."

인도네시아에서 오래 살았던 지인에게 한국과의 차이점을 물었더니 한 대답이다. 왜 나이가 들수록 시간이 빨리 흐른다고 생각될까? 이 질문에 답하기 위해서는 언제 시간이 느리게 흐르는지 생각하면 된다.

내 경우 낯선 곳에 여행을 가면 그런 생각이 든다. 며칠 되지 않았는데 까마득하게 느껴진다. 시간의 정의가 '사건의 연속'이란 걸 떠올리면 당연한 얘기다. 어릴 적 시간이 천천히 흐르는 건 모든 게 새롭기 때문이고 나이 들수록 시간이 빨리 흐르는 건 그날이 그날 같고 새로운 게 별로 없기 때문이다. 그렇다면 어떻게 해야 시간을 천천히 흐르게 할 수 있을까? 익숙함과 헤어지면 된다. 새로운 일에 도전하고, 새로운 사람을 만나고, 낯선 곳을 여행하고 등등.

낙법을 배워야 하는 이유

중학교 때 유도를 잠시 배운 적이 있다. 유도에 입문해 제일 먼저 배웠던 것이 낙법이다. 쓰러지는 법, 넘어지는 법이다. 쓰러질 때 잘 쓰러져야 한다. 그래야 다치지 않는다. 방법은 간단하다. 쓰러지는 쪽 팔로 바닥을 힘껏 치는 것이다. 당연히 충격이 완화된다. 높이 올라갈수록 떨어질 때 충격이 크다. 비행기 사고는 생존자가 거의 없다. 너무 높은 고도와 너무 빠른 속도 때문이다. 빠르고 높을수록 충격이 클 수밖에 없다.

높은 자리는 현직에 있을 때는 끝내주는 자리지만 끝난 후에는 그만큼 고통스러운 자리다. 높이 올라가려는 자는 그 사실을 기억해야 한다. 항룡유회亢龍有悔란 말은 그래서 나왔다. 높이 올라간 용은 후회밖에 남는 것이 없다는 말이다. 역대 대통령을 볼 때마다 난 그들에게 측은지심이 생긴다.

남 얘기를 많이 하는 이유

자기 인생이 재미없기 때문이다. 자기 인생이 재미있는 사람은 남 얘기 따위에는 별 관심이 없다. 할 일이 없는 경우에도 남 얘기를 많이 하게 된다. 하루하루가 심심하고 무료한 사람에게 남에게 일어나는 사건 사고는 그 자체로 더 이상 좋을 수 없는 얘기 소재다. 책을 읽지 않아도 남 얘기를 많이 하게 된다. 공부하지 않고 대화를 나눌 수 있는 소재는 남 얘기뿐이다. 그런 의미에서 난 남 얘기를 많이 하는 사람을 피하려 한다. 그들과 남 얘기를 나눌 만큼 한가하지 않기 때문이다. 다른 얘기도 할 게 많은데 왜 쓸데없이 얼굴도 모르는 사돈의 팔촌 얘기를 내가 들어야 하는가? 난 책을 읽는 게 직업이고 할 일이 많은 현직이다. 내 할 일을 하기에도 바빠 남 얘기를 나눌 만큼 한가하지 않다.

낯선 친구들이 좋은 이유

친구와 가족은 지금까지의 당신 모습을 안다. 그래서 때로는 당신이 추구하는 모습에 다가가는 데 방해가 되기도 한다. "그건 네가 아니야! 넌 학교 다닐 때 생물을 그렇게 싫어했으면서 왜 의사가 되겠다는 거야?" "네가 코미디언이 되는 건 상상이 안 돼." 반면 낯선 사람들은 과거의 당신을 모르기 때문에 이것저것 새로운 실험을 해볼 수 있다. 우리가 추구하는 모습이 과거 모습과 동떨어져도 개의치 않는다. 낯선 사람 앞에서 우리는 보여주고 싶은 모습을 보여주고, 감추고 싶은 모습을 감추고, 나아가 새로운 모습을 발명해낼 선택의 자유를 누린다. 낯선 사람들과 수시로 만나야 하는 이유다.

프리야 파커의 저서 『모임을 예술로 만드는 방법』에 나오는 내용이다.

내 밥에만 돌이 나오는 이유

밥에서 돌이 나올 때마다 상을 뒤집는 아버지가 있다. 이상하게 다른 식구들 밥에서는 돌이 나오지 않는데 아버지 밥에서만 돌이 나온다. 참 희한한 일이다. 아버지가 돌을 찾아가는 걸까?

돌이 아버지를 좋아하는 걸까? 매사 짜증을 잘 내는 사람이 있다. 근데 이상하게 그 사람에게는 짜증 나는 일이 잘 생긴다.

워킹맘 중에 아이에게 미안한 마음을 갖는 사람들이 많다. 난 미안한 마음 대신 고마운 마음을 가지라고 조언한다. 사실 미안한 것이 없다. 사람이란 누구나 일을 하는 게 당연하다. 오히려 일을 안 하는 것이 이상한 것이다. 미안한 마음 대신 고마운 마음을 가져야 한다. 엄마가 밖에서 일하는데도 불구하고 씩씩하고 건강하게 자라주어 고맙다고 말해야 한다. 그럼 고마워할 일이 자꾸 생긴다. 만약 미안해한다면 애들은 무의식중에 자꾸 미안할 일을 찾을 것이다. 마음에는 끌어당김의 법칙이 작용한다.

네팔 사람들이 느긋한 이유

상대를 함부로 평가하고 판단하는 건 위험하다. 사람들이 일정한 행동 패턴을 보이는 것은 그만한 이유가 있기 때문이다. 우리 눈에 네팔 사람들은 게을러 보인다. 급한 게 없어 보인다. 과연 그럴까? 그들이 느긋한 데는 환경 탓이 크다. 히말라야는 인간이 설정한 시간에 맞추기 어려운 곳이다. 아무리 서둘러도 자연이 허락하지 않으면 소용없는 경우가 많다. 자연의 시간을 따르지 않고 인간의 시간을 따르다가는 위험한 상황에 부닥칠 수 있다. 시간이 없다고 급하게 산에 오르면 고산병으로 고생할 수 있다. 이렇게 높은 곳에서의 빠름은 신체의 극심한 고통을 일으키게 마련이다.

그들이 시간을 안 지키고 게을러 보이는 것은 오랜 세월 살면서 깨달은 나름의 지혜다. 무리하게 빨리 오르면 고산병으로 고생하기 때문에 몸을 산 높이에 따라 조정하면서 가는 나름의 속도를 터득한 결과물이다. 지난여름 무더위로 며칠간 밤에도 잠을 잘 수 없었다. 아침부터 푹푹 쪘다. 그러자 아무 의욕도 생기지 않았다. 열대지방 사람들이 왜 게으른지 이해할 수 있었다. 다른 사람을 함부로 평가하면 안 된다. 다른 사람 신발을 신어보기 전에 그 사람에 대해 함부로 왈가왈부해서는 안 된다.

노력해도 안 되는 이유

아무리 노력해도 안 되는 일이 있다. 사랑이 그렇다. 사랑은 노력으로 되지 않는다. 상대가 맘에 든다고 접근하고 들이댈수록 그 사람은 기겁하며 도망친다. 사랑할 사람이면 별 노력을 하지 않아도 나를 사랑할 것이고, 그렇지 않은 사람이라면 아무리 노력해도 소용없다. 잊는 것도 그렇다. 자식을 잃은 사람, 애인과 결별한 사람에게 잊으라고 얘기하는 것은 쓸데없는 조언이다. 잊는 것은 노력으로 할 수 있는 일이 아니다. 그건 시간만이 해결할 수 있다. 누구나 부자가 되고 싶어하지만 부자가 되는 사람은 극히 일부분이다. 하지만 마음 편히 사는 일은 누구나 할 수 있다. 마음을 고쳐먹는 데는 비용이 들지 않기 때문이다.

할 수 있는 일에 힘을 쓰고 할 수 없는 일을 포기하는 것이 지혜다. 세상에는 세 종류의 일이 있다. 내가 할 일, 남이 할 일, 하늘이 할 일이 그것이다. 노력한다고 모든 일이 되는 것은 아니다. 지혜는 그걸 구분하는 것이다.

다른 사람을 만나야 하는 이유

발전하기 위해서는 폐쇄적인 것에서 개방적인 것으로 이동할 수 있어야 한다. 폐쇄적인 사람은 낯을 가리는 사람이다. 익숙한 사람 외에는 새로운 사람과 관계 맺는 걸 두려워하는 사람, 지나치게 남을 의식하는 사람, 자의식이 강한 사람을 뜻한다. 개방적인 사람이 되기 위해서는 관계지능이 필요하다.

내가 생각하는 관계지능의 정의는 '낯선 사람들과 쉽게 관계를 맺고 유지하는 능력'이다. 핵심은 익숙한 사람이 아니라 낯선 사람과의 관계 형성 능력이다. 이미 친한 사람, 고향 사람이나 동창이 아니라 낯선 사람과 관계를 맺는 것을 말한다. 자국민보다는 외국인, 비슷한 또래보다는 나이 차가 나는 세대, 동성보다는 이성, 고향이 같은 사람보다는 다른 사람, 동종업계 사람보다는 다른 업계 사람과 관계를 맺을 수 있어야 한다.

나와 다른 사람에게 기꺼이 다가가 질문을 던지고 자신을 드러내어 원활하게 커뮤니케이션하는 능력은 미래를 사는 중요한 자질이다. 왜 그럴까? 나와 비슷한 사람으로부터는 새로운 정보를 얻을 수 없다. 배울 게 별로 없다. 우리는 늘 나와 다른 사람으로부터 뭔가를 배운다. 낯선 사람은 귀한 정보의 공급자다.

다른 사람을 활용해야 하는 이유

부자가 되기 위해서는 남을 이용하고 활용해야 한다. 중국 소설 『홍루몽』에 호풍빈차력呼風頻借力 송아상청운送我上清雲이라는 말이 나온다. 남의 힘을 빌리지 않고는 절대 성공할 수 없다는 말이다. '다른 사람을 움직여 조직의 목표를 달성한다'는 리더십의 정의도 비슷한 말이다.

힐튼호텔의 창업자 콘래드 힐튼이 대표 선수다. 그는 호텔을 갖고 싶은 꿈을 가졌지만 돈이 없었다. 그러던 어느 날 좋은 땅을 발견한 그는 땅 주인 로드믹에게 이런 제안을 한다. "임대 기간을 90년으로 해주면 매년 3만 달러의 임대료를 분납하겠습니다. 토지소유권은 그대로 유지하십시오. 만약 제가 임대료를 연체하면 토지는 물론 제 호텔까지 가져가도 좋습니다." 로드믹은 승낙했고 힐튼은 단돈 3만 달러로 30만 달러는 있어야 살 수 있는 토지사용권을 손에 넣었다. 근데 운영자금이 부족했다. 그는 다시 땅 주인에게 토지를 담보로 대출을 받고 싶으니 동의해달라고 요청했다. 주인은 도리 없이 승낙했다. 만약 그 제안을 거부하면 돈을 회수할 수 없다는 사실을 깨달은 것이다. 이처럼 힐튼은 남을 이용해 부자가 될 수 있었다.

쑤린의 저서 『유대인 생각공부』에 나오는 내용이다.

다시 일어서야 하는 이유

성공으로 이르는 길은 탄탄대로가 아니다. 늘 수많은 장애물이 기다리고 있다. 중요한 것은 장애물을 만났을 때 어떻게 대응하느냐다. 영국의 사상가 토머스 칼라일은 『프랑스 혁명』이란 원고를 완성한 후 큰 좌절을 겪는다. 친구 존 스튜어트 밀에게 원고를 보내 의견을 부탁했다. 그런데 존이 원고를 보다가 바닥에 두고 외출을 했는데 하녀가 쓰레기로 착각해 벽난로 안에 던진 것이다. 엄청난 시간과 에너지를 들인 원고가 사라지자 그는 좌절했다. 재난도 이런 재난이 없는 것이다.

하지만 얼마 후 그는 의연하게 다시 일어났다. 이를 더 잘 쓰라는 의미로 받아들이고 다시 글을 쓰기 시작했다. 그래서 나온 것이 영원한 고전 『프랑스 혁명』이다. 아마 초고를 그냥 출간했다면 이런 고전이 되지 않았을 가능성이 있다. 누구에게나 좌절의 순간이 온다. 누구나 쓰러질 때가 있다. 중요한 것은 다시 일어날 수 있느냐다. 혹시 지금 넘어져 있는가? 다시 일어나라. 성공이 바로 눈앞에 있을 수 있다.

단순해야 하는 이유

워런 버핏의 강점은 단순함이다. 그는 연례보고서만 읽고 중국의 페트로차이나 주식 1.3퍼센트를 4억 8,800만 달러에 매입했다. 너무 성급한 결정이 아니냐는 질문에 그는 이렇게 답했다. "분석을 위해 반드시 깊게 파고들 필요는 없습니다. 주식을 살 때 지나치게 철저히 분석하는 것은 시간을 헛되이 쓰는 행위입니다. 소수점 아래 세 자리 수까지 계산하는 게 바람직할까요? 당신을 만나러 온 사람의 체중이 150킬로그램 정도 되면 그냥

척 봐도 살쪘다는 것을 알 수 있듯 투자도 마찬가지입니다."

할 필요가 없는 일은 아무리 잘해봐야 무의미하다. 좋은 아이디어는 1년에 한 번만 해도 족하다. 나는 투자할 때마다 평생 20개의 구멍만 뚫을 수 있는 펀치카드를 갖고 있다고 생각한다. 재무적인 결정을 내릴 때마다 하나의 구멍을 뚫는 것이다. 이렇게 생각하면 사소한 결정에 함부로 손댈 수 없게 된다. 카드를 다 쓰면 더 이상 투자를 못 할 테니까. 결국 결정의 질이 높아질 것이고 좀 더 중요한 투자를 할 수 있게 된다.

당연함이 위험한 이유

1930년대 코네티컷주의 하트퍼드 화재보험회사에서 일어난 일이다. 석유통을 보관하는 창고에서 연이어 화재가 발생했다. 원인을 찾기 위해 화학자이자 인류학자인 벤저민 워프에게 이 문제를 의뢰했다. 빈 통에 대한 인식이 원인으로 밝혀졌다. 작업자들은 석유가 가득 차 있을 때는 조심하지만 빈 통은 위험하지 않은 것으로 간주해 부주의하다 불을 낸다는 것이다. 가득$_{full}$과 빈$_{empty}$에 대한 인지 차이가 원인이란 것이다. 빈 통도 위험하긴 마찬가지인데 빈 통을 아무것도 없음$_{nothing}$으로 생각한 것이 원인이다.

해법은 간단했다. 빈 통의 위험성을 주지시킨 이후 폭발사고가 일어나지 않았다. 가설에 대한 질문이 좋은 질문이다. 어떤 행동을 할 때는 늘 그 행동 밑에 깔려 있는 가설이 있는데 많은 사람이 그 가설을 당연하게 생각한다. 빈 통 앞에서 함부로 행동하는 건 빈 통이 안전하다는 잘못된 가설 때문이다. 신호등이 없는 사거리에서 급하게 차를 모는 운전자는 이 길에는 자기밖에 없다고 생각한다. 다른 차선에서는 차가 나오지 않을 것이란 위험한 가설을 따르다가 사고가 나는 것이다. 늘 당연하게 생각하는 가설에 질문을 던질 수 있어야 한다. 당연함이 위험한 이유다.

대만이 일본에 너그러운 이유

워낙 본토 사람들에게 심하게 당했기 때문이다.

도시의 집값이 비싼 이유

도시의 집값이 비싼 이유에 대해 "주변 시설이 좋아서."라는 단순한 대답을 하는 사람이 의외로 많다. 하지만 좀 논리적으로 따져보자. 근처에 좋은 레스토랑이나 멋진 공연장이 있다고 해도 날마다 그곳을 이용하지는 않는다. 심지어 편의시설을 이용하는 비용은 그 편의시설에 내는 것이지 집값에 포함된 것이 아니다. 따라서 주변 시설 때문에 집값이 비싸다는 논리는 그리 설득력 있는 주장이 아니다.

경제학자들은 도시의 집값이 비싼 이유를 "도시에서 배울 것이 많기 때문"이라고 주장한다. 도시에 있는 '인적 자본'을 누리기 위해서라는 것이다. 대도시에서는 다른 사람을 만날 기회가 시골보다 흔하다. 사람들은 다른 사람을 만나면서 아이디어를 얻고 지식을 나눈다. 지식의 긍정적 외부 효과, 즉 지식 스필오버knowledge spillover가 일어나는 것이다. 통신 기술의 발달 역시 멀리 있으면서 나에게 별 도움 안 되는 사람을 만나기 위한 것이 아니라, 가까이에 있는 사람들과 더 자주 협력할 수 있도록 도와주는 역할을 한다는 것이다. 성공적인 도시는 사람들이 서로에게서 뭔가를 배울 수 있는 '삶의 대학교'가 된다. 이것이 대도시의 집값이 비싼 이유를 합리적으로 설명해준다.

팀 하포드의 저서 『경제학 콘서트 2』에 나오는 내용이다.

독일 음식이 맛없는 이유

프로테스탄트에게 현실은 중요하지 않다. 그들은 현실을 너무 즐기면 안 된다. 하나님 나라에 들어간 이후에 즐겨야 한다.

돈을 버는 이유

사모펀드의 대가이자 칼라일그룹의 창업자인 데이비드 루벤스타인은 1961년 좁은 거실에 앉아 흑백 TV에 나오는 연설에 귀를 기울였다. 존 F. 케네디 전 대통령의 유명한 취임 연설이었다. "국민 여러분, 조국이 여러분을 위해 무엇을 할 수 있는지 묻지 마시고, 여러분이 조국을 위해 무엇을 할 수 있는지 물어보시길 바랍니다."

어린 루벤스타인은 국가에 도움이 되는 사람이 되자고 스스로에게 약속했다. 그는 정부에서 일하겠다는 야망으로 법을 공부했고 지미 카터 대통령 선거 캠페인에 뛰어들어 백악관에 입성하기도 했다. 하지만 그가 택한 마지막 길은 사모펀드 창업이었다. 2002년 신문에서 백인 남성의 평균수명이 81세란 기사를 접했다. 54세인 그에게 27년밖에 남지 않은 것이다. 케네디의 연설이 다시 떠올랐다. 그는 기부하기 시작했다. 그해부터 모교인 듀크대학교에 4,400만 달러, 하버드대학교에 3,000만 달러, 뉴욕 링컨센터에 1,700만 달러 등 재산의 95퍼센트를 기부하기로 했다.

돈으로 할 수 있는 일은 세 가지다. 돈을 쓰는 일, 투자하는 일, 기부하는 일이다. 돈을 투자해서 돈을 벌면 그 돈은 쓰거나 기부할 수밖에 없다. 근데 버는 것만큼 사야 할 것은 많지 않다. 그렇기에 돈을 쓰는 데는 기부가 가장 좋은 방법이란 것이다. "저와 창업자들은 재산의 95퍼센트를 기부할 생각입니다. 우린 이집트 파라오가 아니거든요. 죽을 때 돈을 같이 묻은들 그 돈으로 무엇을 할 수 있나요? 우린 돈을 다 못 써요. 아이들에게도 다 못 줍니다. 그렇다면 살아 있을 때 그 돈이 좋은 곳에 쓰이는지 보고 죽는 게 낫습니다."

돼지꿈이 유용한 이유

서양에서 돼지는 불길한 동물이다. 동양은 다르다. 중국 남방의 경우 아래층은 돼지우리고 2층은 사람이 산다. 이 때문에 집 가家란 한자가 나왔다. 집 면宀+돼지 시豕다. 집안에 돼지가 산다는 뜻이다. 왜 돼지가 집 안에 있을까? 더운 지방에서는 동물의 습격을 막기 위해 2층에 살았다. 2층에 살면 습기도 줄일 수 있고 동물로부터의 습격도 막을 수 있기 때문이다.

문제는 뱀이다. 기둥을 타고 2층까지 올라오는 뱀을 어떻게 할 것인가? 거기에 대한 해답이 돼지다. 돼지는 뱀의 천적이다. 돼지는 삼겹살이라는 방탄조끼를 입고 있다. 뱀이 돼지를 물어도 삼겹살을 뚫을 수는 없다. 과거 돼지는 배부름의 상징인데 현재는 그게 돈이다. 돼지꿈이 유용한 이유다.

조용헌의 저서 『조용헌의 도사열전』에 나오는 내용이다.

돼지와 레슬링을 해서는 안 되는 이유

늘 시비에 휘말려 힘들게 사는 사람들이 있다. 운전 중 앞차 운전자와 멱살을 잡는 사람, 왜 자기를 째려보냐는 깡패와 맞짱을 뜨는 사람, 시끄럽다며 별일 아닌 것 갖고 전철에서 싸우는 사람 등등. 여러분은 그런 사람을 보면 무슨 생각을 하는가? 난 어리석은 사람과는 맞서지 말 것을 주문한다. 그들은 늘 싸울 만반의 준비가 되어 있다. 그렇지 않아도 몸이 근질근질했는데 당신이 계기를 제공한 것일 수 있다. 아버지는 늘 돼지와는 레슬링을 하지 말라고 말씀하셨다. 둘 다 진흙을 뒤집어쓰기는 하지만 돼지에게는 그게 생활이기 때문이다.

디지털이 반갑지만은 않은 이유

최근 아내와 함께 친구의 차 G90을 탔다. 날이 추워 본능적으로 엉따(엉덩이가 따뜻해지는) 버튼을 찾는데 찾을 수가 없다. 알고 보니 디지털이라 화면을 켜고 그 안에서 버튼을 찾아야 했다. 그냥 노출된 버튼을 누르는 것에 비해 불편했다. 차 주인인 친구도 이걸 못마땅하게 생각했다. 문제는 차에서 내릴 때 또 발생했다. 아내도 나도 문을 열지 못했는데 무슨 버튼을 눌러야 했다. 밖에서도 손잡이가 보이지 않게끔 설계를 했다. 만약 차 안에서 화재라도 발생하면 어떻게 하지? 본능적으로 이 생각이 들었다. 아무리 긍정적으로 생각하려 해도 과잉설계란 인상을 지울 수 없다. 보기는 좋을지 몰라도 불편하다.

요즘은 이런 일이 지천이다. 최근 필리핀 여행 때도 비슷한 일로 고생했다. 코로나19 백신 접종 여부를 증명하기 위해 e-트래블이란 곳에 들어가 큐알코드를 받아야만 입국이 가능하다는 것인데 내 실력으로는 도저히 불가했다. 눈도 침침한데 이 짓을 하고 있으려니 짜증이 났다. 다행히 승무원의 도움으로 문제는 해결했지만 영 마음이 불편했다. 나만 그럴까? 나와 비슷한 생각을 하는 사람은 없을까? 눈이 침침하고 이런 일에 익숙하지 않은 노인들은 앞으로 여행도 하지 말라는 것일까? 누구를 위한 디지털일까? 왜 이렇게까지 디지털화를 해야 하는 것일까? 누군가 나를 설득해주었으면 하는 바람이다. 난 지나친 디지털화가 영 불편하다.

때로는 대안이 없는 게 좋은 이유

그럼 관점을 바꾸게 되고 긍정적 측면을 발견할 수 있다. 대안이 없을 때 마음의 평화가 온다.

똑게가 최선인 이유

리더와 관련해 가장 유명한 분류가 있다. 리더를 똑똑하고 부지런한 똑부, 똑똑하고 게으른 똑게, 멍청하고 부지런한 멍부, 멍청하고 게으른 멍게로 분류한 것이다. 최악은 멍부다. 멍청한데 부지런하기까지 한 것이다. 그런 조직은 재앙이다. 하는 일마다 사고를 치기 때문에 조만간 무너질 가능성이 크다. 멍청한 상사는 가만히 있는 게 도와주는 것이다. 그게 멍게다. 멍부보다는 멍게가 낫다. 차선은 똑부다. 똑똑한 건 좋지만 똑똑한 상사가 부지런하니 밑의 직원들이 죽어난다.

　높은 사람은 큰 톱니바퀴와 같고 아랫사람은 작은 톱니바퀴와 같다. 큰 톱니바퀴는 천천히 돌아도 작은 톱니바퀴는 열심히 돌아야 한다. 근데 큰 톱니바퀴가 쌩쌩 도니 작은 톱니바퀴는 죽어나는 것이다. 그런 면에서 똑게가 최선이란 것이다. 여기서 게으르다는 것의 정의는 무엇일까? 직원들이 알아서 하게끔 하는 것이다. 큰 결정만 하고 일의 목표에 맞게 제대로 가고 있는지만 가끔 확인한다. 목표에 맞는 적절한 리소스 결정 정도만 하고, 나머지 작은 결정은 아랫사람에게 맡긴다. 직원이 의견을 구할 때만 자기 의견을 말한다. 게으르다는 건 아무 일도 하지 않는다는 말이 절대 아니다. 반드시 해야 할 일이 있다. 이 일을 왜 해야 하는지 의미를 설명해야 한다. 일의 배경과 목표는 알려주어야 한다. 반대가 되면 곤란하다. 왜 일하는지는 알려주지 않고 목표를 채근하거나 방법에 간섭하는 것이다. 이게 멍부다.

똥고집을 피우는 이유

공자님이 말씀하신 군자불기君子不器 학즉불고學則不固란 말을 좋아한다. 군자의 그릇은 한정된 것이 아니고 배울수록 부드러워진다는 말이다. 이 말을 뒤집어 생각하면 불학즉고不學即固가 된다. 배우지 않을수록 고집스러워진다는 것이다. 똥고집을 피우는 사람, 자기 의견만이 옳다고 우기는 사람, 남의 말을 전혀 들으려 하지 않는 사람에게 해주고 싶은 말이다. 누구나 의견을 가질 수 있다. 하지만 그런 의견을 갖기 전에 정확한 사실을 알고 사실에 대한 다양한 의견을 들어봐야 한다. 관심이 가면 관련해 열심히 책도 보고 정보를 수집해야 한다.

근데 대부분의 사람들은 공부하지 않는다. 검색엔진에 뜬 제목 정도 읽어보고 섣부르게 자기 의견을 피력한다. 위험한 일이다. 사실을 알기 전에 의견을 갖는 것은 피해야 한다. 제대로 된 사실도 모르는 사람이 시시비비를 가리고 댓글을 다는 일은 없어야 한다. 그건 자신을 망치고 다른 사람도 망치는 일이다. 우리는 남을 의심하기 전에 자신을 의심할 수 있어야 한다.

로마가 멸망한 이유

대표적인 원인 중 하나는 인구감소다. 로마는 갑자기 망하지 않았다. 서서히 사라져갔다. 로마는 마르쿠스 아우렐리우스 황제가 죽은 후 300년간 마치 풍화 작용처럼 사라져갔다. 인구가 준 것이 가장 큰 이유다. 거듭되는 내란과 전쟁, 만연된 전염병, 사치와 향락에 탐닉했던 귀족들의 출산 기피 현상 등이 맞물려 계속 인구가 줄었다. 정복전쟁이 끝나면서 유입의 한 축을 담당했던 노예의 숫자도 줄었다. 이로 인해 노예를 기반으로 하는 대농장 라틴푼디움latifundium의 경영이 어려워졌고 소작인을 기반으로 하는 콜로누스 제도가 도입되었다.

군대 내에 로마의 시민군은 사라지고 게르만 용병이 많이 증가했는데 결국 서로마제국은 게르만 용병대장에 의해 멸망하고 만다. 지금 우리 사회가 그렇다. 이미 인구감소로 인한 현상이 사회 전반에 나타나고 있다.

로마시대 오현제가 번성을 누린 이유

로마의 오현제 시절은 네르바가 즉위한 96년부터 마르쿠스 아우렐리우스가 서거한 180년까지 85년의 기간을 말한다. 초대

네르바는 나이가 들어 몇 년 못했지만 유능한 트라야누스를 후계자로 임명했고 그 역시 명망 있는 하드리아누스를 황제로 지명했다. 하드리아누스는 안토니누스 피우스를, 안토니누스 피우스는 마르쿠스 아우렐리우스를 후계자로 임명해 태평성대를 이끌었다. 그들의 공통점은 아들이 없거나 있어도 일찍 죽어 아들이 대를 이을 수 없었다는 것이다. 당연히 자신들이 점찍은 유능한 인물을 양자로 영입해 황제를 시켰다. 제대로 된 리더가 로마 최고의 전성시대를 만들었다는 것이다.

그만큼 리더십이 중요하다. 번성의 시대는 명군 아우렐리우스의 아들 코모두스가 끝을 낸다. 그런 아버지 밑에 어찌 그런 아들이 나왔을까? 현재 재벌들을 보면서 이런 생각이 든다. 무능한 아들보다는 유능한 남이 낫다는 생각을 하지 않을 수 없다.

리스크를 감수해야 하는 이유

인도네시아에는 화산 폭발이 잦은 자바섬이 있고 상대적으로 안전한 보르네오섬이 있다. 근데 위험한 섬에 인구가 밀집해 있다. 크고 안전한 보르네오섬에는 2,000만 명이 사는데 작고 위험한 화산섬 자바에는 1억 4,000만 명이 산다. 왜 그럴까? 화산

분출은 위험하지만 여기서 나온 화산재가 땅을 비옥하게 해주기 때문이다. 화산재에 들어 있는 각종 미네랄이 비료 역할을 한다. 반면 보르네오는 척박하다. 몬순으로 인한 폭우가 영양분을 쓸어 가기 때문이다. 포유류의 다양성도 떨어진다. 최근 인도네시아 정부가 수도를 자바섬의 자카르타에서 보르네오섬의 동칼리만탄으로 옮기겠다고 한 것도 자카르타에 너무 많은 인구가 살아 갈수록 문제들이 속출하기 때문이다. 위험한 곳이라고 위험만 있는 게 아니고 안전한 곳이라고 안전만 있는 게 아니다.

1955년 늦은 나이인 52세에 맥도날드를 설립한 레이 크록은 "바닥에 놓인 줄 위를 걸어가는 건 서커스가 아니다."라고 했다. 서커스의 묘미는 아슬아슬함에 있다. 비즈니스도 그렇다. 수익이란 리스크를 감수한 대가로 얻는 것이다. 불확실하지도 않고 위험하지도 않은 비전은 실용성이 없다. 미래 자체가 불확실한데 어떻게 안전한 비전이 있겠는가?

인간자연생명력연구소 서광원 소장이 한 말이다.

마음에 들지 않는 이유

사람은 자신에게 없는 것을 남에게서 찾는다. 자신에게 없는 것을 남에게 요구한다. 음식 못하는 시어머니일수록 음식 못하는 며느리를 미워하고 구박한다. 음식 잘하는 시어머니는 그럴 이유도 필요성도 느끼지 못한다. 성격이 까칠한 장모일수록 사위의 소심함을 견디지 못한다. 왜 남자가 서글서글하지 못하냐며 타박을 한다. 자신을 닮아 징징대는 손자를 미워한다. 누굴 닮아 저 모양이냐며 구박을 한다. 닮긴 누굴 닮아, 바로 당신을 닮은 거지. 그게 인간이다. 누군가가 마음에 들지 않는다는 건 그 안에 자신이 있기 때문이다.

멋진 여자가 평범한 남자와 결혼하는 이유

경제적인 이유 때문이다. 결혼은 일종의 쇼핑이다. 수요와 공급의 원칙이 철저하게 작용한다. 노처녀 노총각이 나이가 들수록 눈을 낮추는 것이 그렇다. 그들은 낮추고 싶어서 낮추는 것이 아니다. 본능적으로 자신을 원하는 후보자의 공급이 준다는 것을 알고 기대 수준을 낮추기 때문이다. 도시에는 늘 여성이 많고 시골에는 늘 남성이 많다. 워싱턴 D.C.는 남자 대 여자의 비율이 9대 10이다. 뉴욕은 20세에서 34세 사이의 남성이 86만 명이고 여성은 91만 명이다. 반면 알래스카나 유타에는 남성이 많다. 변변한 기술이 없는 남성은 도시에 살 가능성이 적다. 그런 기술 없이 하는 일은 여성이 차지하고 있다. 스웨덴의 경우 남성의 임금이 높은 지역에는 젊은 여성이 많다. 여성은 본능적으로 괜찮은 남성이 몰려 있는 곳을 알고 그곳에 간다. 숫자는 적더라도 부유한 남성을 얻기 위해서다. 맨해튼에 거주하는 여성이 적당한 남자가 적다고 알래스카로 이사 가지는 않는다.

도시에 남성이 부족한 또 하나의 이유는 감옥 때문이다. 미국 감옥에는 200만 명의 남성과 10만 명의 여성이 있다. 특히 젊은 흑인 남성 숫자가 압도적으로 많다. 이는 젊은 흑인 여성에게 중요한 문제다. 뉴멕시코의 경우 20~25세 사이의 남성 중 30퍼센트가 수감 중이다. 흑인 여성 중 미혼모가 많은 것은 이런 이유 때문이다. 남성의 숫자 부족으로 여성의 교섭력이 크게 떨어진 것이다. 교섭력이 떨어진 여성에게는 별 다른 대안이 없다. 교섭력이 약해진 여성의 또 다른 선택은 자신의 매력도를 높이는 것이다. 실제 흑인 여성은 그렇게 행동한다. 남성의 수감률이 높을수록 여성의 대학 진학률이 높아진다. 그래도 결혼의 기회는 줄어든다. 배우자의 도움을 기대할 수 없는 여성은 취업이나 진학을 통해 먹고살 궁리를 한다. 하지만 수감 중인 남성은 결혼할 생각을 하지 않는다. 교육을 잘 받은 상품성이 높은 남성 역시 결혼할 생각을 하지 않는다. 경쟁자도 없는데 굳이 결혼할 필요성을 느끼지 못하는 것이다. 그들은 그저 즐기면 된다.

찾는 대상이 다른 것도 원인이 된다. 남자와 여자는 추구하는 목적이 다르다. 남성은 섹스가 목적이고 여성은 결혼이 목적이다. 남성은 소득이 높을수록 여성에게 인기가 높지만 여성은 소득이 높을수록 인기가 낮다. 이래저래 골드미스들은 결혼 확률이 줄어든다.

팀 하포드의 저서 『경제학 콘서트 2』에 나오는 내용이다.

메이지 유신이 높이 평가받는 이유

스스로 기득권을 포기하는 건 거의 불가능에 가깝다. 하지만 일본의 쇼군과 사무라이는 스스로 기득권을 포기했다. 환골탈태다. 자신들의 부귀영화보다는 일본을 생각해서 내린 결정이었다. 이후 사무라이는 칼을 버리고 책을 선택했다. 국내에 머무는 대신 외국을 직접 다니며 변화를 관찰했다. 심지어 쇼군의 아들까지 유학을 보냈다.

명상하는 이유

명상은 현 상황을 직시하고, 사소한 일에 예민하게 반응하지 않고, 침착한 태도를 유지하는 데 도움이 된다. 명상은 모든 능력을 향상하는 원천기술이다. 명상을 하면 한 걸음 뒤로 물러난 목격자의 관점을 얻게 된다. 나 자신을 객관적으로 볼 수 있다. 빠르게 돌아가는 세탁기 안에서 나와 그 안을 볼 수 있다. 자기 삶의 지휘관이 되어야 한다. 전체 지도를 보면서 수준 높은 의사결정을 내릴 수 있기 때문이다. 목표 달성을 위한 절차와 순서, 필요한 자원, 무시해도 될 조건 등을 결정하는 일은 쉽지 않은데 명상은 이를 가능하게 해준다. 심호흡 하나가 삶을 바꿀 수 있다.

명상의 효과는 최후 5분이다. 20분을 한다면 15분은 흙탕물을 가라앉히는 데 쓴다. 평화와 조화와 충만함은 마지막 5분에 나타난다. 명상의 핵심은 정신 집중이 아니다. 정신이 방황하고 있다는 걸 알아차리는 데 있다. 목표는 자신의 생각을 관찰하는 것이다. 얻어야 할 것에 집중하는 대신 버려야 할 것에 집중하라. 팀 페리스의 저서 『타이탄의 도구들』에 나오는 내용이다.

모두 존재 이유가 있는 이유

이 세상에 미운 사람은 다 사라지고 사랑하는 사람들만 있으면 좋겠다는 생각을 한 적이 있다. 근데 그게 아니다. 세상의 모든 것은 다 존재 이유가 있다. 미운 게 있어야 사랑스러운 것도 있고 보기 싫은 사람이 있어야 마음에 드는 사람도 있다. 좋은 사람만 있는 세상은 더 이상 좋은 세상이 아니다. 나쁜 사람 덕분에 이승이 좋다는 것을 알게 된다. 모순처럼 보이지만 진리다.

근데 극단은 조심해야 한다. 한쪽을 너무 좋아하고 또 다른 한쪽을 너무 미워하는 것은 위험하다. 진보와 보수는 늘 대립한다. 서로를 미워한다. 잘못된 일이다. 둘 다 필요하다. 세상은 좌와 우라는 두 날개가 있을 때 균형 있게 날 수 있기 때문이다.

부자附子는 최고의 독약이다. 독약은 독이 약이 될 수 있다는 말이다. 이런 독약도 조금 사용하면 강심제나 진통제로 사용할 수 있다.

무식하면 용감한 이유

무식하면 용감하다는 말이 있다. 주변에 그런 사람들이 제법 있다. 어떻게 저렇게 확신하고 큰소리로 비판하고 자기주장을 펼칠 수 있을까? 그렇게 생각하는 근거가 무엇인지 궁금하다. 내가 생각하는 무식의 정의는 공부하지 않는 것이다. 학교를 졸업한 이후 제대로 된 책 한 권을 읽지 않는다. 신문도 보지 않는다. 그저 길거리에서 배운 지식, 네이버에 뜬 큰 제목, 페이스북에 뜬 일방적인 댓글을 보고 그걸 바탕으로 자기 생각을 짜깁기한다. 지적 토대가 얕다. 그런 사람의 특징은 한쪽 면만 생각하고 다른 면을 생각하지 않는다. 자신이 어떤 사람인지는 생각하지 않고 늘 뉴스에 나오는 사람에 대비해 자신은 괜찮은 사람이라고 생각한다. 자신은 옳고 상대는 틀렸다고 생각한다. 자신이 어떤 사람인지, 자신은 제대로 하고 있는지에 관해서는 전혀 생각하지 않는다.

자신이 무식한지 아닌지를 확인하는 한 가지 방법이 있다. 특정 이슈에 대한 자신의 생각과 철학을 말이 아니라 글로 옮기는 것이다. 혼자만 보는 대신 주변 사람들에게 보여 반응을 보는 것이다. 만약 그게 많은 사람의 공감을 얻을 수 있다면 당신은 일정 수준에 올라선 것이다. 근데 쓰다 보면 자기 생각이 얼마나 엉성한지 알 수 있을 것이다. 늘 내 생각을 의심해야 한다.

문제가 필요한 이유

문제가 없으면 좋을 것 같지만 사실 우리는 문제 덕분에 살 수 있다. 대표적인 것이 인류를 위협하는 암이란 존재다. 일정 나이가 되면 3분의 1은 암에 걸려 죽는다는 통계가 있다. 그러면서 암이 사라질 그날을 기대한다. 하지만 암으로 죽는 사람보다 암 때문에 먹고사는 사람들 숫자가 많다. 암이 사라지면 다른 암이 우리를 기다릴 수도 있다. 문제도 그렇다. 조직에 아무 문제가 없으면 나 같은 직업은 굶어죽는다. 우리는 조직의 문제를 해결하면서 밥을 먹는다. 정말 문제는 확대 재생산하는 것이다. 없는 문제를 자꾸 만들거나 작은 문제를 침소봉대하면서 자기 유익을 추구하는 것이다.

변호사가 그러하다. 사람 간 갈등을 조정하기 위해 생겨난 직업이지만 변호사 숫자가 늘고 경쟁이 치열해지면 자꾸 소송거리를 만들어낼 수밖에 없는 것이다. 언론도 그러하다. 언론은 문제와 이슈로 먹고사는 직업이다. 세상이 평화로우면 존재 이유가 사라진다. 지금 우리 사회가 시끄러운 것과 언론사 수의 증가 사이에는 밀접한 관계가 있을 것이다.

물어봐야 하는 이유

에르네스토 시롤리는 아프리카에서 구호 활동을 하는 사람이다. 한때 잠비아에서 토마토를 재배했는데 너무 잘 자랐다. 쑥쑥 자라 빨갛게 익어가는 어느 날 황당한 일이 일어났다. 200마리 정도의 하마 떼가 올라와 토마토를 다 먹어 치운 것이다. 어처구니가 없어 정신을 놓고 있었다. 그때 원주민이 이렇게 말했다. "그래서 우리가 농사를 안 짓는 겁니다." 왜 그걸 말하지 않았냐고 따지자 이렇게 답했다. "물어보지 않았잖아요."

누군가를 돕고 싶은가? 그렇다면 먼저 그의 말을 들어라. 그가 지금 어떤 상황인지, 어떤 것이 필요한지, 내가 주려는 도움이 그에게 정말 도움이 되는지.

카민 맬로의 저서 『어떻게 말할 것인가』에 나오는 내용이다.

뭔가를 좋아하는 이유

그 일을 싫어한다면 전환하라고 격려하는 편이다. 과정 자체를 즐길 수 있어야 최고가 되기 쉽다. 가치 있는 일은 널려 있다. 굳이 싫어하는 일에 집중할 필요가 없다. 성공하려면 좋아하는 일을 해야 한다. 근데 왜 그 일을 좋아하는 걸까? 천성적으로? 그럴 수도 있다. 엄밀히 따지면 천성적으로 남들보다 잘하기 때문이다. 좋아하는 일의 대부분은 내가 잘하는 일이다. 잘하니까 좋아하고 좋아해서 자꾸 하다 보니까 더 잘하는 것이다. 반대로 못하는데 좋아하기는 쉽지 않다. 잘 못하는데 그게 좋다고 해서 억지로 하면 꾸준히 할 수 없다. 억지로 의사가 된 사람은 천성적으로 수술을 즐기는 사람과 경쟁이 될 수 없다.

좋아한다는 것의 전제조건은 잘하는 것이다. 잘하니까 좋아하고 좋아해서 꾸준히 하다 보니까 더 잘하는 것이다. 정말 중요한 건 꾸준히 계속하는 힘이다.

미움받을 용기가 필요한 이유

현재 자기 생각대로 살고 있는가? 아니면 주변 사람의 기대에 맞추느라 당신 삶을 포기하고 있는가? 타인의 기대를 충족시키며 사는 것은 힘들지 않다. 내 인생을 타인에게 맡기면 된다. 타인에게 인정받는 삶을 살 것인가, 아니면 인정받지 않아도 상관없는 삶을 살 것인가? 어느 게 자유로울까? 누구에게도 미움받지 않으려면 어떻게 해야 할까? 언제나 다른 사람의 안색을 살피고 모든 사람에게 충성을 맹세하면 된다. 포퓰리즘에 빠진 정치인처럼 하지도 못할 일을 할 수 있다고 약속하면 된다. 책임지지 못할 일까지 떠맡으면 된다. 쉽지 않은 삶이다. 미움받으면서 살고 싶어하는 사람은 없다. 근데 모든 사람에게 사랑을 받을 수는 없다. 어차피 미워할 사람은 나를 미워하고 사랑할 사람은 나를 사랑한다.

진정한 자유란 무얼까? 비탈길을 굴러 내려가는 돌멩이처럼 사는 것일까? 그런 삶은 욕망과 충동의 노예로 사는 것과 같다. 진정한 자유는 굴러 내려가는 자신을 아래에서 밀어 올려주는 태도가 아닐까? 돌멩이는 힘이 없다. 하지만 우린 돌멩이가 아니다. 경향성에 저항할 수 있어야 한다. 굴러떨어지는 자신을 멈추고 비탈길을 거슬러 올라갈 수 있어야 한다. 인정받고 싶은 욕구는 자연스럽다. 그렇다고 다른 사람의 인정을 위해 비탈길을 계속 굴러야 하는 것은 아니다. 자유는 본능이나 충동에 저항하는 것이다. 타인에게 미움받는 것이다. 그게 자유롭게 살고 있다는 증거다. 모든 사람에게 미움받지 않는다는 건 부자연스러운 동시에 불가능한 일이다. 자유에는 대가가 따른다. 자유를 얻으려면 타인에게 미움을 살 수밖에 없다. 행복해지려면 미움받을 용기가 필요하다.

바쁘게 사는 이유

바쁜가? 왜 바쁜가? 정말 바쁜가? 아니면 바쁘게 보이고 싶은 것인가? 바쁜지, 바쁘지 않은지는 전혀 중요하지 않다. 바쁜 이유와 목적이 중요하다. 최악은 바쁘기만 할 뿐 아무 산출물이 없는 것이다. 최선은 하나도 바쁘지 않지만 많은 산출물을 얻는 것이다. 대부분 바쁜 사람들은 정신이 없는 사람들이다. 정신을 놓을수록 바쁘게 마련이다. 아니, 그들에게 바쁘다는 건 최고의 안전장치다. 바쁘면 생각할 수 없다. 아니 그들은 생각하지 않기 위해 일부러 자신을 바쁘게 만든다.

반대가 필요한 이유

1997년 중국 싼샤댐이 완공되었을 때 어떻게 성공했느냐는 물음에 설계자는 다음과 같이 답했다. "반대파들이 집요하게 반대했기 때문에 완벽하게 완성했습니다. 그동안 반대했던 사람들에게 진심으로 감사합니다." 나를 반대하는 사람은 성공을 돕는 한쪽 손이다. 반대자의 공로는 어느 누구도 대신할 수 없다. 반대하는 사람이 없으면 위대한 일을 이룰 수 없다. 대부분은 반대의견에 대해 부정적으로 생각한다. 반대 의견에는 두 종류가 있다. 특정 이슈에 대한 반대와 그 사람 자체에 대한 반대가 그것이다.

난 특정 이슈에 대한 반대는 건설적 반대라고 생각한다. 그런 반대 덕분에 의사결정의 품질이 올라간다고 생각한다. 다수가 합의한 결정은 무조건 옳은 것일까? 반대하는 사람들은 모두 다 문제를 일으키는 사람들일까? 그렇지 않다. 누가 반대할까? 애정이 있는 사람이 반대하는 법이다. 무관심한 사람은 절대 반대하지 않는다. 반대 의견은 편향에서 벗어나 더 다양하고 더 열린 사고를 가능하게 해준다. 반대 의견에 노출될 때 우리는 더욱 호기심 넘치고 열린 자세를 갖게 되어 다양한 관점을 고려할 확률이 높아진다. 반대 의견은 더욱 방대한 정보를 검색하게 만들고 사고를 확장하고 독창성을 높인다.

"나는 싫어하는 사람을 승진시키는 걸 주저하지 않았다. 오히려 정말 뭐가 사실인지를 말하는 반항적이고 고집 센, 거의 참을 수 없는 타입의 사람을 항상 고대했다. 만약 우리에게 그런 사람들이 아주 많고 참아낼 인내가 있다면 그 기업에 한계란 없을 것이다." IBM의 창업자 토머스 왓슨의 말이다. "나는 반대자들에게 감사한다. 조직은 리더가 가진 꿈과 그릇의 크기만큼 자란다. 큰 그릇은 많은 것을 담을 수 있다. 나와 동질의 것, 나를 편안하게 하는 것뿐만 아니라 나와 다른, 그래서 불편한 것도 끌어안을 수 있을 때 조직은 지속적으로 성장한다." 인텔의 CEO 앤디 그로브의 주장이다.

반전운동이 성공하지 못하는 이유

무언가를 반대한다고 그 문제가 해결되는 것은 아니다. 반전운동이 그렇다. 반전운동은 더 많은 전쟁을 일으킨다. 마약퇴치 운동도 그렇다. 원하는 것보다 원하지 않는 것에 집중하기 때문이다. 테레사 수녀는 그런 사실을 깨달은 사람이다. "나는 반전집회에 절대 참여하지 않을 거예요. 평화 집회를 한다면 초대해

주세요."

무언가를 반대하면 오히려 부작용이 생길 수 있다. 반기업 정서란 말이 그렇다. 이 말을 만든 언론은 반기업 정서를 확대하기 위해 만들지는 않았을 것이다. 어떻게 해서든 기업에 우호적인 분위기를 조성하기 위해 만들었을 것이다. 하지만 결과는 반대로 반기업 정서가 생기고 늘어났다. 지옥으로 가는 길은 모두 선의로 포장되어 있다.

배신당하는 이유

남자가 성공하면 세 가지를 바꾼다고 한다. 첫째, 집을 바꾼다. 둘째, 차를 바꾼다. 셋째, 마누라를 바꾼다. 이는 성공한 여자에게도 해당한다. 왜 조강지처란 말이 나왔을까? 성공한 남자들이 고생한 마누라를 얼마나 구박하거나 내치면 이런 말이 나왔을까? 근데 그게 배신한 사람만의 잘못일까? 배신당한 사람에게도 일정 부분 원인이 있다. 성장 없이 성공은 없다. 버림받은 사람들은 배우자의 성장만큼 성장하지 못하고 제자리걸음을 하는 경우가 많다. 그럼 점점 갭이 커진다. 지적인 갭, 만나는 사람의 갭, 생각의 갭 등등. 배우자의 성공도 순수하게 인정하지 않는다.

대신 비난한다. 개구리 올챙이 적 생각을 안 한다, 장모 덕에 성공했다, 도대체 어떤 놈이 당신을 존경하느냐고 주장한다.

난 성공이란 단어보다 성장이란 단어가 좋다. 성공은 성장의 결과물이다. 부부가 같이 성장해서 성공하는 것, 이게 내가 원하는 이상향이다. 한 사람만 성장하고 다른 사람이 성장을 멈추면 배신하고 배신당하는 일이 일어난다.

백로가 흰색인 이유

백로와 갈매기의 배가 흰 이유는 먹이의 눈을 속이기 위한 것이다. 물속 먹이인 생선 눈에는 구름처럼 보인다. 참치, 고등어, 꽁치, 정어리 같은 등푸른생선은 위에서 보면 푸른 바다 색깔이지만 배는 허옇다. 등 쪽은 포식자를 속이고 아래쪽은 먹이의 눈을 속이기 위해서다. 물고기를 잡아먹기 위해서다. 먹고 먹히는 생명의 세계에서 굶어죽지 않으려면 피식자에게 들키지 않아야 하고 살해되지 않으려면 포식자의 눈을 속여야 한다. 인간은 어떨까?

백수가 과로사 하는 이유

흔히 바쁜 것을 유능한 것으로 착각한다. 근데 은퇴 후에는 별로 갈 곳도 없고 부르는 곳도 없다. 하지만 자신이 아직 유능하다는 걸 증명하고 싶어한다. 비록 은퇴했지만 여전히 바쁘다는 걸 증명하기 위해 갈 곳과 가지 않을 곳, 할 일과 안 할 일을 가리지 않고 고군분투하다 번아웃이 되는 것이다. 처음에는 문화적 충격 때문에 그럴 수 있다고 생각한다. 근데 시간이 지나면 생각을 바꾸어야 한다. 남들의 시선이나 생각이 내게는 별로 중요하지 않다는 걸 깨닫는 순간 그런 일은 줄어든다.

백화점에 창이나 시계가 없는 이유

백화점이나 대형마트 정문은 화려한 유리문으로 돼 있다. 그런데 안에 들어가면 자연광이 거의 사라진다. 특히 식품관은 창문이 거의 없다. 왜 그럴까? 고독의 심리학이 숨어 있다. 고객을 더 오래 잡아두면서 마음껏 물건을 사게 하기 위해서다. 외부와의 차단이 목적이다. 시간의 흐름을 인식하지 못하도록 하기 위해서다. 가능한 입구를 최소화하는 효과도 있다. 날이 어두워지든, 눈이 오든, 비가 오든 눈치채지 못한 채 쇼핑에만 전념케 하기 위한 고도의 전략이다. 햇빛 차단은 특히 식품 판매장에 중요하다. 상품 보존에 도움이 되기 때문이다. 창문이 있으면 직사광선으로 인해 식품이 빨리 상하고 상표가 바래서 낡아 보인다. 또 창문이 있으면 전시 공간도 줄어들고 비용도 많이 들고 보안 문제도 발생한다. 시계가 없는 이유도 비슷하다.

버블이 일어나는 이유

사상 최고가를 찍은 비트코인과 주식에 투자한 수없이 많은 벼락거지와 순식간에 수십억 달러의 투자금을 유치했다가 희대의 사기 사건으로 전락한 '테라노스' 사태의 배경에는 포모$_{FOMO}$* 가 있다. 노련한 투자자들의 먹잇감이 된 포모 투자자들은 사상 최대의 거품을 만들어낸 일등 공신이다. 자산버블 뒤에도 포모가 있다.

자산버블은 대개 똑같은 방식으로 시작하고 끝난다. 어느 시점까지는 가격이 적당히 오른다. 신뢰할 수 있는 사람과 현명한 투자자들의 판단 덕분이다. 하지만 어느 정도 알려지면 그때부터

---

* Fear of Missing Out, 자신만 소외되는 것에 대한 두려움

대중이 모여든다. 돈 버는 것이 쉬워 보이고 빨리 움직이지 않으면 부자가 될 기회를 잃어버릴지 모른다고 생각하도록 의도적으로 대중을 충동질한다. 가격이 오르고 선을 넘으면 아직 참여하지 않은 투자자들을 끌어들인다. 비트코인을 사는 사람들, 뉴스 채널에서 광고를 보고 금을 사는 사람들, 팟캐스트를 근거로 투기 시장에 뛰어드는 사람들의 결과는 여러분의 짐작대로다.

버텨야 하는 이유

사실 난 버틴다는 말을 좋아하지 않는다. 버티는 것보다는 거길 빠져나와 새로운 곳에 도전하는 걸 선호한다. 하지만 때로는 그럴 수 없을 때가 있다. 지겨운 군대 생활도 그렇고 힘든 육아를 하는 엄마도 그렇다. 그때는 버텨야 한다. 그럼 어느 순간 나아진다. 근데 버티는 것에 어떤 의미를 부여해야 할까? 이 말의 의미를 알기 위해서 거꾸로 버티지 않고 조금만 힘들면 그만두는 것을 생각해보자. 결혼하고 조금 살다 힘들면 이혼을 한다? 직장생활을 조금 하다 문제가 생기면 사표를 낸다? 고양이를 키우다 배변을 못 하면 내다 버린다? 정말 쉬운 일이다. 내 한계가 거기까지란 걸 인정하는 것이다. 당연히 한계치를 높여야 한다.

버텨야 성장할 수 있다. 버텨야 조금 더 나은 인간이 될 수 있다.

나를 힘들게 하는 게 나를 키운다. 근데 그냥 버티는 것보다는 켈리 클락슨의 노래 「너를 죽일 수 없는 건 너를 강하게 한다What doesn't kill you makes you stronger」를 들으며 버티면 도움이 된다. 니체가 한 말을 노래 제목으로 했다.

번아웃이 되는 이유

일을 많이 해서가 아니라 일만 해서 번아웃이 되는 것이다. 일이 아니라 다른 곳에서 초보자가 되어야 한다. 자기 일과 무관한 일을 해야 한다. 근육을 무리해서 쓰면 육체적으로 피로를 느낀다. 몸살이 나거나 근육이 다치면 평소에는 문제없이 움직였던 간단한 동작을 하는 것조차 힘들어진다. 정신적 에너지도 마찬가지다. 무리하게 사용해서 소진해버리면 피로감과 고단함이 높아지고 부정적 감정이 크게 일어난다. 그뿐인가. 감정을 조절하거나 좋은 판단을 내리거나 욕구를 절제하는 능력 또한 순간적으로 상실하게 된다. 이러한 상태를 자아 고갈이라고 한다.

심리학자 김경일의 저서 『적정한 삶』에 나오는 내용이다.

베란다가 필요한 이유

아파트 베란다를 터서 거실을 넓힌 이들이 흔히 겪는 어려움 중 하나는 비 오는 날 창문을 열 수 없다는 것이다. 완충지대가 없어 비가 바로 들이치기 때문이다. 잠을 아까워하는 사람이 있다. 잠을 낭비라고 생각하기 때문이다. 하지만 그렇지 않다. 잠이란 낮 동안 입력된 정보 처리를 위한 필수 시간이다. 꼭 필요한 시간이다. 마음의 영역도 그렇다. 마음에도 한옥의 광 같은 허드레 공간이 있어야 정상적으로 순환된다. 여백이란 그런 것이다. 빠듯한 것은 좋은 것이 아니다. 자기 역량을 120퍼센트 발휘하는 것도 그렇다. 100의 출력을 가진 오디오 기기는 70 정도로 들을 때 편안한 소리가 난다. 원래 목소리보다 나지막하게 말할 때 그 목소리가 듣기 좋다. 여백을 생각해야 한다.

정신건강의학과 전문의 정혜신의 저서 『홀가분』에 나오는 내용이다.

변화가 힘든 이유

기막힌 아이디어가 있다고? 남들은 절대 모르는 자신만의 기술을 갖고 있다고? 실패할 가능성이 크다. 이유는 너무 참신하고 창의적이기 때문이다. 너무 새로운 제품이나 아이디어는 먹히지 않는다. 거부당할 가능성이 크다. 제안은 물론 제안한 사람까지 미워한다. 왜 그럴까? 사람들은 새로운 걸 찾는 것 같지만 실제로 새로운 건 마음을 불편하게 한다. 대부분의 사람들은 겉으로는 변화를 외치지만 사실은 변화를 거부한다. 참신함을 갈망하는 것 같지만 사실은 익숙함을 갈망한다. 변화가 힘든 이유다.

변화에 성공하려면 그런 고비를 예상하고, 그걸 극복할 나름의 방법을 미리 준비해야 한다. 변화가 힘든 이유다.

부자들이 은퇴하지 않는 이유

부자들은 건강이 허락하는 한 죽을 때까지 일하는 사람들이다. 일하는 것이 재미있어 죽겠는데 왜 은퇴하겠는가? 돈을 빨리 번 뒤에 은퇴를 생각한다는 건 일이 재미없다는 뜻이다. 재미없는 일을 하면서 돈을 벌겠다고? 절대 쉽지 않다. 일을 즐기지 못하는 사람이 무슨 수로 부자가 될 수 있는가? 내 친구들은 대부분 은퇴했다. 나도 언제든 은퇴할 수 있다. 일을 안 해도 먹고사는 데는 별 지장이 없다. 근데 나는 은퇴하지 않는다. 일하는 것만큼 재미있는 걸 찾지 못했기 때문이다. 공부하고, 새로운 분야에 도전하고, 책을 쓰고, 그 책으로 사람들과 나누면서 그들에게 깨달음을 주고, 그 과정에서 나도 성장하는 일이 정말 재미있다. 이런 건 말로 설명할 수 없다. 본인이 직접 체험해야만 안다.

경제적으로 독립을 해 일찍 은퇴하겠다는 파이어ﬁʀᴇ족이 있다. 난 그들이 다시 복귀할 것에 한 표를 던진다. 일찍 은퇴해서 놀아보면 알 수 있다. 일을 안 하고 매일같이 놀면 그 자체가 심심한 지옥이란 사실을 알게 될 것이다.

부자유친의 이유

『삼강오륜』에 나오는 부자유친父子有親은 부자간에 친함이 있어야 한다는 말이다. 근데 왜 이런 말이 나왔을까? 부자간에 친하지 않기 때문일 것이다. 아버지와 아들 관계가 하도 서먹하니까 억지로 친하게끔 규정을 한 것이다. 만약 둘 사이가 좋다면 굳이 이런 말을 할 필요가 없다. 부부간에 구별이 있어야 한다는 뜻의 부부유별夫婦有別도 비슷할 것이다. 가만 놔두면 부부간에 너무 허물이 없으니까 이런 규정을 만들었을 것이다.

근데 한편으로 그런다고 없던 친함과 구별이 생길까 하는 의구심도 생긴다. 사람들은 이미 있는 것에 대해서는 별 얘기를 하지 않고 주로 없는 것에 대해 많은 얘기를 한다. 나이가 들수록 건강 얘기를 많이 하고 소통이 안 되는 사람일수록 소통 얘기를 많이 한다. 신뢰가 없는 사람일수록 신뢰에 대해 많이 얘기하고 재미없는 사람일수록 재미에 관한 얘기를 많이 한다. 당신은 무슨 얘기를 많이 하는가?

불안이 필요한 이유

현재를 즐기라는 말을 많이 한다. 반은 맞고 반은 틀렸다. 다음 달이면 은행 잔액이 바닥나는데 현재를 즐길 수 있을까? 내년이면 돈이 없어 자녀의 대학등록금을 낼 수 없는데 느긋할 수 있을까? 현재에 몰입할 수 있을까? 쉽지 않다. 만일 그런 사람이 있다면 둘 중 하나다. 완전히 도가 튼 사람이거나 아니면 조금 모자란 사람이다. 모든 것은 연결되어 있다. 현재의 우리가 과거의 연장선상에서 존재하듯이 미래의 우리도 현재와 연결될 수밖에 없다. 과거가 불행했던 사람이 하루아침에 행복할 수는 없다. 미래에 잘못될 것이 뻔히 보이는데 현재를 즐길 수는 없다.

그런 면에서 불안은 우리에게 '뭔가 대비를 하라'는 신호를 보내는 것이다. 절대 무시해서는 안 된다. 오히려 불안이 엄습할 때 그 원인을 냉정하게 살펴 준비해야 한다. 그럼 불안이 사라진다. 불안이 닥칠 때 엉뚱한 방법으로 피하는 것을 피해야 한다.

불안한 이유

세상은 변하는데 자신이 제대로 변하지 못하고 있다는 사실을 인지하기 때문이다. 뭔가 해야 한다는 건 알지만 무엇을 해야 할지, 어떻게 해야 할지 모르기 때문이다. 노력을 안 하면서 좋은 결과를 기대하기 때문이다. 불안을 없애려면 뿌리를 튼튼하게 해야 한다. 보이는 쪽보다 보이지 않는 쪽을 먼저 봐야 한다. 톱으로 나무를 베는 시간보다 톱을 가는 시간을 늘려야 한다.

불평등이 위험한 이유

가족 열 명 중 한 명만 부자이고 나머지는 다 살림이 어렵다면 어떤 일이 벌어질까? 지금 우리 사회가 그런 형국이다. 불평등이 커져가고 있다. 미국의 경우 5퍼센트의 부가 전체 부의 63퍼센트를 차지하고 점점 그 격차가 벌어지고 있다. 하위 5퍼센트는 아예 자산이 없다. 그날 벌어 그날 산다. 자그마한 장애물만 나타나도 그들의 삶은 와르르 무너질 정도로 취약하다.

반면 부자들은 넘치는 돈을 어쩌지 못한다. 다 쓸 재간이 없다. 부자라고 하루 다섯 끼를 먹을 수 있는 것도 아니고 이 집 저 집을 왔다 갔다 하면서 살 수 있는 것도 아니다. 남는 돈은 곳간에 쌓아둘 수밖에 없다. 돈을 그때그때 쓰지 않으니 소비가 위축되면서 불황이 오는 격이다. 만약 남아도는 돈을 하위계층에 있는 사람들에게 가게 한다면 그 돈이 바로바로 소비로 이어지면서 경제가 살아날 수 있다.

불효자가 우는 이유

부모님이 돌아가신 후 누가 가장 서럽게 울까? 불효자다. 부모님이 영원히 안 죽을 것으로 생각하고 효도를 차일피일 미룬 사람들이다. 부모에게 최선을 다한 사람도 울긴 하겠지만 울음의 내용은 다를 것이다. 잘 사는 방법의 하나는 내가 가진 모든 것이 내 것이 아니고 조만간 나를 떠날 것으로 생각하고 사는 것이다. 나의 젊음도, 좋은 눈과 귀도, 튼튼한 다리도, 돈과 명예와 집도……. 그럼 생각이 달라진다. 회사에 들어갈 때는 퇴사를 염두에 두어야 한다. 언제까지 다닐 것이고 여기서 무얼 배우고 어떻게 기여할 것인지 등등. 그럼 더욱 충실하게 회사생활을 할 수 있다. 결혼할 때도 이혼을 염두에 두어야 한다. 상대는 언제든 떠날 수 있다고 생각해야 한다. 그럼 행동이 달라진다. 어떻게 하면 상대에게 더 잘할까 생각하게 된다. 잡은 고기에게 먹이를 주지 않는다고 생각하면 이혼당할 가능성이 크다.

비슷한 사람끼리 노는 이유

날씬해지고 싶은가? 그럼 날씬한 사람과 놀아라. 대부분 뚱뚱한 사람은 더 뚱뚱한 사람과 놀면서 서로를 위로한다. 쟤보다는 내가 날씬하다고 생각하면서 안심하다가 더욱 체중이 는다. 뚱뚱한 사람과 놀면 당신 체중이 높아질 가능성이 훨씬 커진다. 위로가 되는 사람보다는 자극이 되는 사람과 놀아야 한다.

비싼 무기를 사는 이유

쓰지 않기 위해서다. 비싼 무기는 존재만으로 전쟁을 방지하는 효과가 있다. 내가 보험을 드는 이유도 비슷하다. 보험료는 지불하되 죽을 때까지 보험을 사용하지 않는 것이 목표다.

비판에 대꾸할 필요가 없는 이유

"나에 대한 비판에 일일이 변명하느니 차라리 다른 일을 시작하겠다. 나는 목표를 향해 최선을 다할 따름이다. 최후까지 그렇게 할 결심이다. 결과가 좋다면 나에 대한 악평은 아무 문제가 되지 않을 것이다. 결과가 좋지 않다면 열 명의 천사가 내가 옳음을 증언한다 해도 아무 효과가 없을 것이다."

에이브러햄 링컨이 한 말이다.

비행기 연착 때문에 불평하면 안 되는 이유

그들이 고의로 그런 건 아니다. 그들도 어쩔 수 없이 그러는 것이다. 비행기가 연착하면 누가 가장 손해를 볼 것 같은가? 바로 항공사다.

빈둥대는 상사가 나보다 연봉이 높은 이유

기업에서 보상의 기준은 토너먼트 방식이다. 즉 똑같은 일을 하는 사람들끼리 비교해서 누가 더 일을 잘하느냐에 따라 보상을 하는 것이다. 합리적인 선택이다. 낮은 직급의 사람은 높은 직급으로의 승진 기회가 있기 때문에 성과에 따른 금전적 보상이 크지 않더라도 강한 동기를 부여할 수 있다. 하지만 높은 직급으로 올라갈수록 승진 기회는 줄어들기 때문에 승진이란 인센티브만으로 동기를 부여할 수 없다. 그래서 직급이 높아질수록 거액의 연봉을 인센티브로 제시하는 것이다.

토너먼트 이론의 주창자 에드 레이지어Ed Lazear에 따르면 "사장의 임금은 사장에게 열심히 일해야겠다는 동기를 부여하기보다는 부사장에게 열심히 일해야겠다는 동기를 부여한다." 초일류 기업 직원들의 봉급이 생각보다 많지 않은 데도 나름 합리적인 이유가 있다. 초일류 기업을 다녔다는 것이 다른 회사로 이직을 할 때와 나중을 보장하기 때문이다. 판·검사들이 박봉을 견디면서 일을 하는 것도 나름 합리적인 선택이다.

팀 하포드의 저서 『경제학 콘서트 2』에 나오는 내용이다.

빈익빈 부익부의 이유

얼마 전 행아모(행복한 아버지들의 모임)란 곳에서 강의를 했다. 좋은 아버지가 되는 것을 꿈꾸는 아버지들이 모인 곳이다. 척 보기에도 이미 좋은 아버지들이다. 미리 가서 얘기를 나눠봤더니 더 이상 노력이 필요 없는 사람들이다. 몇 년씩 이 모임에 나와서 책을 읽고, 강의도 듣고, 자기들끼리 노하우도 나누고 있다고 한다. 더 이상 교육이 필요 없는 좋은 아버지들이다. 그런데도 그들은 계속 좋은 아버지가 되기 위해 노력하고 있다. 문제는 정작 교육이 필요한 아버지들은 이런 모임에는 관심이 없다는 것이다. 여기서도 빈익빈 부익부 현상이 일어난다. 시간이 흐르면서 좋은 아버지는 점점 좋은 아버지가 될 것이고 나쁜 아버지는 점점 더 나쁜 아버지가 될 것이다.

지식도 그렇다. 정말 공부를 해야 할 사람은 공부에 아무 관심이 없다. 그만 공부해도 될 것 같은 사람은 기를 쓰고 공부하고 여기저기 찾아다닌다. 당연히 한 사람은 점점 유식해지고 다른 한 사람은 점점 무식해진다. 문제는 무식한 사람일수록 확신에 넘치고 목소리가 크다는 것이다. 우리 사회가 혼란스러운 이유 중 하나는 배운 사람은 말이 없고 무지한 자들은 떠들기 때문일 것이다.

뻔뻔한 이유

사람들은 언제 안면몰수를 할까? 앞으로 다시 만날 일이 없을 때 그렇게 한다. 다시 만나고 앞으로 주기적으로 만난다고 생각하면 절대 그렇게 하지 못한다. 사회의 본질은 인간관계의 지속성이다. 근데 현재는 어떤가? 무엇이 문제인가? 진정한 만남이 없는 게 가장 큰 문제다. 그래서 차마 있을 수 없는 일들이 버젓이 자행된다. 한 철 장사는 맛 따위는 신경쓰지 않는다. 식품에 유해 물질을 넣을 수 있는 것은 생산자가 고객을 만나지 않기 때문이다. 매우 자주 뻔뻔한 사람을 만난다.

지하철을 자주 이용하는 난 누가 어느 역에서 내릴 것인지 제법 정확하게 예측한다. 얼마 전 내릴 사람을 골라 앞에 서 있는데 예상대로 다음 역에서 그 사람이 일어섰다. 근데 내가 그 자리에 앉으려는 순간 바로 옆자리에 앉아 있던 아줌마가 얼른 그 자리로 옮겨 앉고 앞에 서 있던 친구를 자리에 앉히는 것이다. 당연히 난 그냥 서 있어야만 했다. 전혀 예상치 못한 시나리오다. 하지만 그 아줌마는 전혀 미안한 기색이 없다. 어떻게 그렇게 뻔뻔한 행동을 할 수 있을까? 그녀와 나는 만난 일이 없고 앞으로도 만날 일이 없기 때문이다.

뿌리가 중요한 이유

아래로 뿌리를 내리는 노력이 위로 성장하기 위한 가능성을 결정한다. 잡초의 생명력은 위로 자란 줄기의 높이보다 아래로 자란 뿌리의 깊이가 결정한다. 아래로 깊이 뿌리를 내려야 위로 높이 자랄 수 있다. 뿌리는 겉으로 드러나지 않은 채 겉으로 드러난 실체의 본질을 결정하고 지배한다. 보이지 않는 것이 보이는 것을 결정하는 셈이다. 지금 나의 모습도 지금까지 내가 파고든 뿌리가 만든 산물이다.

한양대 교육공학과 유영만 교수의 저서 『나무는 나무라지 않는다』에 나오는 내용이다.

사계절이 필요한 이유

연말이 며칠 안 남은 요즘 날씨가 장난 아니게 춥다. 추워도 너무 춥다. LA에 사는 큰딸과 영상통화를 하는데 손주들이 덥다면서 옷을 벗는다. 한쪽은 너무 춥고 다른 한쪽은 따뜻하다. 나도 모르게 부럽다고 말했다. 근데 어떤 날씨가 좋은 날씨일까? 늘 따뜻한 게 좋을까? 정답은 없지만 계절의 구분이 없는 것보다는 우리처럼 사계절의 구분이 있는 게 좋다. 여름에는 덥고 겨울에는 추운 게 바람직하다. 재레드 다이아몬드가 쓴 『나와 세계』란 책을 읽고 그런 생각을 했다.

그 책은 "잘사는 나라는 왜 잘살고 못사는 나라는 왜 못살까?"

란 질문에 대한 인류학자의 의견을 담은 책이다. 먼저 위도다. 열대지방이나 몹시 추운 곳에 위치한 나라보다는 사계절이 뚜렷한 온대지방에 위치하는 것이 가장 중요하다는 것이다. 열대지방은 덥기도 하지만 비가 자주 내려 땅의 영양소가 씻겨 내려가 농사짓기에 적합하지 않다는 것이다. 더운 날씨 때문에 일하기 힘들고 게을러지기 쉬운 것도 이유가 될 수 있다. 또 겨울이 있어야 해로운 바이러스를 죽여 안전하게 인간이 살 수 있다는 것이다. 몹시 추운 겨울이 해충이나 바이러스에게는 치명적이란 얘기다. 한 번도 생각하지 못했던 것들이다.

거기에 내 의견을 하나 더하면 변화다. 난 1년 사시사철 비슷한 날씨보다는 계절이 바뀌면서 자연스럽게 일어나는 변화가 좋다. 계절이 바뀌면서 옷도 달라지고, 취미활동도 달라지고, 음식도 달라진다. 나같이 싫증을 잘 내는 사람에게는 계절 변화가 필수적이다.

사내 정치를 하는 이유

"사내에는 일 대신 정치를 하는 사람들이 있다. 정치를 해야 할 사람들이 엉뚱한 곳에서 일하는 셈이다. 이런 사내 정치는 주로 세 유형의 직원들에 의해 행해진다. 첫째, 리더를 싫어하는 직원들이다. 이런 유형은 선천적으로 권위를 거부하며 어떤 조직에서든 계속 불만을 품는다. 그들은 회사 내 음모를 찾기 위한 역사적 사명감으로 입사했다. 둘째, 저성과자들이다. 이들은 자신의 단점을 적절히 해명하고 빠져나가기 위해 정치적 요소를 사용한다. 셋째, 자기 능력을 충분히 발휘하지 않는 부류다. 한마디로 게으른 자들이다. '게으른 자가 나쁜 일을 도모한다'는 오래된 격언처럼 말이다."

GE의 전 회장 잭 웰치가 한 말이다.

사는 게 힘든 이유

사는 게 힘들다는 말을 자주 한다. 그 말을 들을 때마다 '그렇다면 힘이 들지 않는 삶도 있을까? 우리가 원하는 것이 그런 삶일까?'란 의문을 품게 된다. 아무 힘을 쓰지 않아도 꽉꽉 잘 돌아가는 그런 삶이 있을 수 있을까? 힘들다는 말은 '힘이 들다'에서 나왔다. 근데 힘이 생기려면 힘을 써야 한다. 그래야 힘이 생긴다. 자꾸 쓰면 발달하고 쓰지 않으면 쇠퇴한다는 용불용설用不用說은 불변의 법칙이다. 뭐든 자꾸 써야 한다. 머리도 그렇고 몸도 그렇다. 건망증은 머리를 너무 쓰지 않아 생기고 오십견은 어깨를 쓰지 않아서 생긴다.

힘쓸 일이 없는 삶이란 딱한 삶이다. 무언가 힘쓸 일이 있어야 한다. 쉬운 운동은 운동이 되지 않는다. 진짜 운동이란 힘이 든다. 힘을 쓰면 힘이 생기고 힘이 생기면 힘을 쓰고 싶은 충동을 느낀다. 우리 삶이 힘들게 느껴지는 것은 너무 힘을 쓰지 않은 결과가 아닐까?

사람들이 가만있지 못하는 이유

이스라엘의 학자 바 엘리는 축구에서 페널티킥을 차는 선수와 골키퍼를 관찰했다. 차는 방향을 보니 왼쪽이 3분의 1, 오른쪽이 3분의 1, 가운데가 각각 3분의 1이었다. 근데 볼을 막는 골키퍼의 반은 왼쪽으로, 나머지 반은 오른쪽으로 몸을 날렸다. 가만히 있는 골키퍼는 없었다. 볼의 3분의 1은 가운데로 오는데 왜 가만히 있는 골키퍼는 없을까? 왜 그들은 가만히 있지 못할까? 가만히 있는 것보다는 뭐라도 하는 것이 맘이 편하기 때문이다. 이게 행동 편향이다. 일상에서도 이런 현상이 나타난다. 상황이 불분명할수록 사람들은 뭔가를 하고 싶은 충동을 느낀다.

하지만 그럴수록 나아질 것은 없고 상황은 더 나빠진다.

상황이 분명하지 않으면 가만히 있는 게 남는 것이다. 산에서 길을 잃으면 그 자리에 있는 것이 유리한 것과 같다. 사업도 그렇고, 투자도 그렇고, 자녀와의 문제도 이런 경우가 종종 있다.

사람들이 모이는 이유

뷰카VUCA 시대다. 뷰카는 변화가 심하고volatile, 불확실하고 uncertain, 복잡하고complex, 애매모호하다ambiguous는 말이다. 그럼 어떤 일이 일어날까? 불안해진다. 앞이 보이지 않는 짙은 안개 속을 운전하는 것과 같다. 지금처럼 살아도 되는 건지, 미래는 어떻게 될지 알 수 없으니 점점 불안해지는 것이다. 불안하면 어떻게 행동할까? 일단 모인다. 혼자 있으면 불안하니까 자꾸 모여 서로를 위로한다. 혼자 있는 것보다는 다른 사람과 있으면 좀 낫기 때문이다. 모여서 뭐라도 한다. 자꾸 일을 만든다. 가만히 있는 것 자체를 견디지 못한다. 할 일, 하지 않아야 할 일을 구분하지 않고 뭔가 일을 만들어낸다. 그중에는 쓸데없는 일, 영양가 없는 일, 하지 않을수록 도움이 되는 일도 많다. 또 파티를 계속한다.

벤처 사장 중 매일 저녁 술집에서 파티하는 사람을 본 적이 있다. 만나면서 잊고 술 마시면서 잊자는 것이다. 뭘 그렇게 잊고 싶을까? 솔직한 현실과 마주 서는 일, 자신을 맨정신으로 보는 일을 잊고 싶은 것이다.

사람이 풍경인 이유

지방 강의 때문에 수서역엘 갔다. 커피를 한잔하는데 시끄럽다. 수학여행을 가는 학생들로 붐빈다. 웃고 장난치고 소리를 지른다. 그 옆에는 인솔하는 선생님들이 커피를 마시며 한담을 나눈다. 일찍 온 선생님, 막 도착한 선생님, 무얼 마시겠냐고 주문하는 선생님. 다들 행복해 보인다. 인솔 책임자이지만 지금 시간만큼은 그들도 자유다. "오랜만에 바깥 공기를 쐬니 참 좋네요." "아침은 드셨어요?" "경주 날씨는 어떻대요?" "지난번 그 소개팅은 어떻게 됐어요?" "교감 선생님이 어제 뭐라고 하셨어요?" 그들끼리 안부를 주고받는 모습이 보기 좋다. 참 편안해 보인다.

그들을 보면서 나도 모르게 미소가 지어진다. 속으로 이렇게 얘기한다. '그동안 애들 가르치느라 힘드셨죠? 학교 안에만 있어 답답하셨죠? 애들 여행이지만 그 덕에 선생님들도 좀 쉬세요. 좋은 구경도 하고 맛난 것도 먹고 즐거운 여행 하세요.' 사람이 풍경이다. 자연도 좋은 풍경이지만 내겐 사람이 더 좋은 구경거리다. 그들에겐 혼자 커피를 마시는 나도 풍경일 것이다.

사하라 주변 사람들이 에이즈에 많이 걸리는 이유

지킬 것이 많은 사람과 지킬 게 없는 사람의 선택은 다르다는 것이다. 앞으로 50년을 더 살 것으로 기대하는 사람과 기껏 10년쯤 더 살겠지 하고 생각하는 사람의 선택은 다르다. 기대수명이 긴 사람은 에이즈를 조심하겠지만 기대수명이 짧은 사람은 그렇지 않다. 사하라 주변 사람들의 평균수명은 34.1세로 세계에서 가장 짧다. 아기를 낳다가 죽을 수도 있고 유산을 하거나 말라리아에 걸려 죽을 확률도 높다. 이런 마당에 에이즈라고 특별히 더 조심해야 할 이유가 없는 것이다. 아프리카의 에이즈 문제를 해결하기 위해서는 평균수명을 올려야 한다.

이근우의 저서 『경제학 프레임』에 나오는 내용이다.

생각을 조심해야 하는 이유

그 나무 아래에서 생각하면 그대로 다 이루어진다. 오아시스를 생각했다. 오아시스가 생겼다. 수영장을 생각했다. 수영장이 만들어졌다. 예쁜 여인들을 생각했다. 예쁜 여인들이 나타났다. 너무 좋았다. 호랑이가 이들을 잡아가면 어떻게 하지 걱정했다. 호랑이가 나타나 여인들을 잡아갔다. 이게 흰곰 효과다. 생각하지 않으려고 하면 자꾸 생각이 나는 것이다.

생각을 하지 않는 이유

가장 큰 이유는 너무 바쁘기 때문이다. 아니, 생각하지 않기 위해 일부러 스스로를 바쁘게 한다. 바쁘면 생각을 할 수 없다. 혼자 있는 시간을 없애고 늘 사람들 사이에 섞여 있다. 맨 정신으로 있지 못하고 술을 마시면서 스스로를 알딸딸하게 한다. 바쁘면 한심한 자신과 마주하지 않아도 된다. 그런 면에서 바쁜 것이 그의 안전지대다. 바빠서 생각을 못 하는 측면도 있지만 생각하면 괴로워지기 때문에 생각을 안 하게 된다. 생각하면 그 조직에서 살아남을 수가 없는 것이다. 내부 평가나 승진과 관련 없는 쓸데없는 생각은 하지 말아야 일을 잘할 수 있고 살아남을 수 있다.

섞여야 하는 이유

"섞여야 건강하다. 섞여야 아름답다. 섞여야 순수하다. 자연은 태초부터 지금까지 늘 섞여왔기 때문이다. 자연은 언제나 다양해지는 방향으로 움직였다. 다양해지기 위해 섹스도 생겨났다. 섹스란 다름 아닌 유전자를 섞는 과정이다. 자연은 순수를 혐오한다. 그걸 모르고 우린 큰 밭 가득 한 작물만 심는다. 곤충에게는 그런 횡재가 없다. 때 묻지 않은 자연에서는 공격 대상들이 띄엄띄엄 떨어져 있어 일일이 찾아다니며 파먹어야 하는데 우리가 친절하게 한곳에 다 모아놓으니 얼마나 신나는 일인가?

순수라는 말처럼 철저하게 우리를 구속하는 말도 그리 많지 않다. 순수의 사전적 정의는 '조금도 잡것이 섞이지 아니한 상태'다. '자연은 순수를 혐오한다.' 다윈 이래 가장 위대한 생물학자로 칭송받는 윌리엄 해밀턴 박사의 말이다. 그는 이기적 유전자의 개념을 만들어냈다. 진화의 다른 말은 다양화다. 태초의 바다에서 어느 날 우연히 태어난 DNA라는 물질이 변신에 변신을 거듭해 이룩해놓은 것이 바로 엄청난 생물의 다양성이다."

생물학자 최재천 교수가 한 말이다.

선입견과 편견이 있는 이유

우리는 수많은 편견과 선입견을 품고 있다. 그래서 그걸 버리라는 말을 많이 하고 많이 듣는다. 근데 왜 이런 쓸데없는 편견과 선입견을 품게 됐을까? 그뿐만이 아니다. 일반화도 잘한다. 속된 말로 싸잡아 도매금에 넘기는 행위를 한다. 전라도 사람은 어떻다, 서울대학교 나온 사람들은 이렇다, 의사들은 저렇다 같은 것들이 대표적인 일반화다. 왜 이럴까?

난 이걸 뇌가 에너지를 적게 쓰기 위한 장치라고 생각한다. 뇌는 에너지 먹는 하마다. 무게는 1.5킬로그램에 불과하지만 전체 에너지의 25퍼센트를 쓴다. 에너지를 너무 많이 잡아먹기 때문에 가능한 에너지를 적게 쓰려고 만든 장치가 선입견이고 편견이다. 이외에 습관화, 일반화, 범주화, 고정관념 등 모든 것이 에너지 절약을 위한 장치다. 물론 나만의 추측인데 여러분의 생각은 어떤가?

성공 후 공허한 이유

공허와 허전은 어떤 차이가 있을까? 비슷한 것 같지만 다르다. 공허함은 삶에서 아무런 의미나 보람도 읽을 수 없는 자의 쓸쓸한 내면 풍경이다. 목표가 없는 삶, 의미도 보람도 없는 삶은 공허하다. 허전함은 다르다. 어떤 사람이나 사물의 부재로 인해 가슴 한구석이 텅 빈 것 같은 마음이다. 정든 사람과 헤어지거나 곁을 지키던 사람이 멀리 떠나면 허전한 마음을 억누를 수 없다. 허전함은 상실감을 느끼는 자의 서운하고 쓸쓸한 감정이다. 명절날 손주들이 찾아와 집 안이 떠들썩했는데 그들이 가고 나면 왠지 마음 한구석이 텅 빈 것 같은 게 허전함이다. 공허는 의미 상실이고 허전은 사물이나 사람의 부재가 핵심이다.

그렇다면 이런 공허함을 어떻게 채울 수 있을까? 나눔이다. 내 것을 움켜쥐는 대신 내가 가진 것을 아낌없이 나누면 된다. 공허하다고 얘기하는 사람을 보면 대부분 자신만을 위해 산 사람이다. 모든 관심이 자신, 자신의 가족, 자신이 가진 재산에 치우쳐 있다. 부와 명성을 얻는 일에는 성공했지만 나누는 일에는 성공하지 못했기 때문이다. 헤밍웨이는 부와 명성을 가졌고 네 번 결혼했지만 행복하지 못했다. 그는 61세에 심한 우울증으로 자살하면서 마지막 일기에 이렇게 썼다. '나는 필라멘트가 끊긴 텅 빈 전구처럼 공허하다.' 성공보다 중요한 것은 행복이다. 나눔에 성공하지 못하면 그 인생은 행복할 수 없다. 사람이 고독을 느끼는 이유는 나눔의 대상이 없고 나눔의 실천이 없기 때문이다.

성형과 문신이 위험한 이유

화학 반응에는 두 가지가 있다. 가역반응과 비가역반응이 그 것이다. 가역반응은 왔다 갔다가 가능하다. 물이 얼면 얼음이 되고 얼음이 녹으면 다시 물이 되는 것이 가역반응이다. 비가역반응은 한 번 반응이 일어나면 다시는 원위치로 돌아갈 수 없다. 쌀로 죽을 만들면 다시는 쌀이 될 수 없다.

세상사도 그렇다. 대부분은 비가역적이다. 한 번 뱉은 말은 되돌릴 수 없고 잃어버린 세월도 되찾을 수 없다. 그래서 매사에 신중해야 한다. 하고 나서 늘 후회하는 것들이 몇 가지 있다. 성형과 문신이 그렇다. 비가역적이기 때문이다. 한 번 하면 다시는 원위치로 돌아갈 수 없다. 그래서 성형한 사람과 문신한 사람은 대부분 후회한다.

세상이 불공평한 이유

장동건은 참 잘생겼다. 남자인 내가 봐도 멋지니 여자들 눈에는 오죽하겠는가? 하지만 난 장동건을 시기 질투하지는 않는다. 나와는 아무 관계도 없고 너무 먼 당신이기 때문이다. 하지만 가까운 내 친구가 장동건처럼 생겨 여자들이 들끓는다면 나는 그를 시기하고 질투할 것이다. 왜 나는 이렇게 평범하게 생겼을까? 여자들이 난 거들떠보지도 않는데 왜 내 친구는 저렇게 좋아할까? 기분이 상할 것이다. 워런 버핏은 천하가 다 아는 부자다. 돈만 많은 게 아니라 인격도 훌륭해 그와 밥을 먹으려면 몇억 원을 내야 한다. 너무 부럽다. 부러워는 하지만 시기도 하지 않고 질투도 하지 않는다. 완전히 다른 세상 사람이기 때문이다.

이처럼 우리는 자신과 같거나 같다고 생각하는 사람의 성공을 볼 때 시기심을 느낀다. 같은 부모 아래 태어난 형제는 잘사는데 나는 못산다고 생각될 때, 얼마 전까지 나랑 같이 공부하고 힘들다고 징징대던 친구는 떵떵거리며 살 때 그런 감정이 생긴다. 세상이 불공평하다고 생각하는가? 옛날에는 평등했는데 요즘 갑자기 불평등해진 것일까? 아닐 것이다. 예전이 훨씬 불평등했을 것이다. 근데 왜 불평등이 심화된다고 느끼는 것일까? 세상이 너무 평등해졌기 때문이다. 왕과 귀족이 사라지고 양반과 상놈의 구분이 사라진 후 모두 평등하다고 생각한다. 당신이 하는 걸 내가 못 할 이유가 없고 당신이나 나나 다 같은 사람이라고 생각하게 된 것이다. 불공평한 세상에서는 불공평함을 느끼지 못하다 세상이 공평해지자 누구나 불공평함을 느끼는 걸 보니 세상은 참 역설적이다.

소가 반추하는 이유

소는 반추反芻 동물이다. 반추란 되새김질이라는 뜻이다. 소는 하루의 반에 해당하는 9~12시간을 되새김질로 보낸다. 숫자로 따지면 저작咀嚼만 3만 번 이상을 한다. 소는 4개의 위를 가지고 있다. 첫째는 혹위, 둘째는 벌집위, 셋째는 천엽, 넷째는 막창이다. 소가 이런 구조를 갖게 된 것은 천적의 공격을 경계하면서 급하게 풀을 뜯어야 했기 때문이다. 자연스럽게 소화는 뒤로 미루게 되니 위의 구조도 다중적으로 진화한 것이다. 이를 보면 세상 모든 건 나름의 이유가 있는 것 같다. 다만 인간이 이를 이해하지 못할 뿐이다.

소설을 읽는 이유

"소설은 분명 우리에게 현실이 아닌 다른 세상을 보여준다. 그것을 너무나도 설득력 있고 생생하게 보여주기 때문에 우리는 그게 현실보다 더 현실이라고 믿을 때가 많다. (…중략…) 소설을 읽는 진짜 이유는? 헤매기 위해서다. 분명한 목표라는 게 실은 아무 의미도 없는 이상한 세계에서 어슬렁거리기 위해서다. 책 속에 길이 있는 게 아니라, 길을 잃기 위해 작가가 만들어놓은 정신의 미로에서 기분 좋게 헤매는 경험을 하기 위해 소설을 읽는다."

소설가 김영하가 한 말이다.

속내를 드러내지 않는 이유

주인이 여러 번 바뀐 회사 직원들은 속내를 잘 드러내지 않는다. 말도 모호하게 한다. 자칫 줄을 잘못 섰다 위험에 처한다는 걸 알기 때문이다. 영국과 일본은 섬나라다. 섬이라는 환경 때문에 자신의 속내를 잘 드러내지 않는다. 과거 가혹한 식민지 역사를 가진 일본이 배려를 강조하고 영국이 젠틀이라는 에티켓 문화를 만든 것도 그렇다. 신사도는 서로를 배려하지만 동시에 거리감을 두는 양면성을 갖고 있다. 난처한 상황에서 명확하게 의사 표현을 하지 않고 돌려서 얘기한다. 하겠다는 것인지 말겠다는 것인지, 좋다는 것인지 싫다는 것인지 구분하기 힘들다.

죽었다는 다이die 대신 패스 어웨이pass away를 쓴다. 나쁘다는 배드bad 대신 낫 댓 굿not that good을, 실패했다는 페일드failed 대신 낫 패싱not passing을, 실직 대신 직장을 옮기는 중이라는 뜻의 비트 윈 잡스between jobs로 쓴다. 임신을 가족의 대를 잇는 길에 있다는 인 더 패밀리 웨이in the family way 등으로 쓴다. 도망갈 데 없는 섬에서 함부로 속내를 드러내는 것이 위험하다는 걸 알기 때문이 아닐까?

이재명과 정문훈이 공저한 『세계 문화 산책』에 나오는 내용이다.

속수무책이 되는 이유

속수무책의 한자는 원래 束手無策이다. 손을 놓고 아무런 대책이 없는 걸 뜻한다. 근데 어떻게 속수무책이 되었을까? 지식이 없기 때문이다. 손을 묶고 책을 읽지 않았기 때문이다. 그래서 난 束手無册으로 쓴다. 책을 읽지 않으면 속수무책이 된다. 분서갱유焚書坑儒를 하면 대책 없는 사람으로 전락한다. 책을 읽어야 하는 이유다.

순수혈통을 버려야 하는 이유

한국만큼 순수혈통을 주장하는 나라도 없다. 왜 그럴까? 무슨 이유 때문에 그렇게 순수에 목숨을 걸까? 우리가 과연 그렇게 순수한 혈통일까? 그래서 얻는 게 무엇일까? 안으로 똘똘 뭉친 다는 건 다른 사람들을 받아들이지 않고 배타적인 사람이 된다는 것 외에는 아무것도 아니다. 그 방면의 세계적인 스타는 북한이다. 언어도 우리말만 쓴다.

비슷한 사람들끼리 모여 있으면 생각도 비슷해진다. 생각이 비슷하다는 것만큼 위험한 건 없다. 한번 삐끗하면 그냥 간다는 의미다. 다양성은 그러한 위험요인을 줄인다. 한두 사람이 엉뚱한 생각을 해도 다양성이란 필터를 통과하는 과정에서 그게 걸러지기 때문이다. 유전적으로 다양한 집단은 예상치 못한 변화를 잘 견딘다. 일부가 죽더라도 살아남은 개체들이 그 빈자리를 메우며 살아남는다. 비슷한 집단은 변화에 절대적으로 불리하다. 한꺼번에 훅 사라질 수 있다.

쉬어야 하는 이유

1960년대 호주의 데릭 클레이턴은 세계적인 마라톤 선수 중 하위권에 속하는 선수였다. 188센티미터의 키에 상대적으로 불리한 폐활량을 갖고 있어 장거리 선수로 부적합했다. 하지만 누구보다 열심히 연습했고 일주일에 250킬로미터씩 달렸다. 처음에는 효과가 있었지만 차츰 한계에 부딪혔다. 아무리 열심히 해도 세계 신기록보다 5분 이상 늦은 2시간 17분의 기록으로 경쟁이 되지 않았다. 그러던 1967년 후쿠오카 마라톤 대회 준비 중 다쳤다. 한 달 내내 연습을 못 하고 쉴 수밖에 없었다. 컨디션이 괜찮아지자 연습하는 셈 치고 대회에 출전했는데 놀라운 결과가 나왔다. 자기 기록을 8분이나 단축하면서 역사상 최초로 10분 벽을 깨고 우승을 한 것이다. 2년 후 1969년 앤트워프 마라톤 대회를 준비하다 다시 다쳐 연습 없이 출전한 대회에서 또 한 번 개인 기록이자 세계 신기록을 깨고 2시간 8분 33초로 우승했다. 그 기록은 이후 12년 동안 깨지지 않았다.

도대체 어떻게 된 일일까? 열심히 한다고 늘 발전하는 건 아니다. 때론 이 같은 휴식이 연습보다 나을 수 있다. 쉬는 것을 미안해하지 말아야 하는 이유다.

쉽게 상처받는 이유

같은 짐도 근력에 따라 다르게 느껴진다. 근력이 좋으면 짐이 가볍게 느껴지고 근력이 떨어지면 힘이 든다. 마음의 상처도 이와 같다. 유난히 상처에 민감한 사람이 있다. 별일 아닌 일에도 쉽게 상처를 입는다. 상처를 입을 만반의 준비를 하고 있는 사람 같다. 온실 속 화초 같다. 거친 세상에서 살기에 부적합하다. 상처에 둔감할 필요가 있다. 멘탈 근육을 키울 필요가 있다. 웬만한 일에는 쉽게 마음이 흔들리지 말아야 한다. 화를 쉽게 내는 사람은 멘탈 근육이 약한 사람이다. 이들은 터지기 직전의 시한폭탄 같다.

멘탈 근육을 키우는 최선의 방법은 운동이다. 근력을 키우고 땀을 흘리면 몸이 좋아진다. 몇 년간 운동하면서 일어난 가장 큰 변화는 화가 나지 않는다는 것이다. 예전 같으면 화를 내야 하는 상황인데 화가 나지 않는다. 참 신기한 일이다. 그동안 난 남에게 화를 낸 게 아니었다. 나 자신에게 화를 냈던 것이다. 나빠진 몸이 나 자신에게 화를 내고 있었던 것이다.

스페인이 제2차 세계대전에 휘말리지 않은 이유

제2차 세계대전에 거의 모든 국가가 전쟁에 휘말렸는데 유럽에서 유일하게 전쟁에 휘말리지 않은 나라가 바로 스페인이다. 왜 그랬을까? 프랑코 총통의 협상력 덕분이다. 히틀러가 같은 편에 서서 독일을 도와달라고 했을 때 거절하지 않고 원론적으로 참전 의사를 밝혔다. 하지만 참전 대가로 무리한 요구를 했다. 대규모 군수물자와 장비를 요청했고 당시 프랑스 식민지였던 모로코 등을 달라고 했다. 총론에는 찬성했지만 무리한 요구를 해서 상대를 난처하게 한 것이다.

겉으로는 웃는 얼굴을 했지만 속으로는 실리를 채우기에 바빴다. 교묘한 물타기였다. 물론 서두르지도 않았다. 그 이유는 독일첩보기구 수장 카나라스(?)와 친해서 나치 전략의 장단점을 파악하고 있었기 때문이다. 프랑코는 독일이 소련을 침공할 때 1만 8,000명의 푸른사단을 보낸다. 정식군대가 아니라 지원병이었다. 전쟁에 참여하는 흉내만 낸 것이다. 이 덕분에 비교전국이 되었다. 만약 스페인이 전쟁에 휘말렸으면 어땠을까?

습관적인 만남이 위험한 이유

누군가를 만난다는 건 어떤 의미일까? 왜 그 사람을 만나야 할까? 만나서 뭘 어떻게 하자는 것일까? 누군가를 만난다는 건 시간과 비용을 쓰는 행위다. 시간은 목숨이다. 따라서 만남은 내 목숨을 거는 행위다. 당연히 그만한 보상이 있어야 한다. 그런 면에서 습관적인 만남은 돌아볼 필요가 있다. 만나는 이유를 중심으로 다음과 같이 구분할 수 있다. 이유가 있어도 만나지 않는 사람, 이유가 없어도 만나는 사람, 이유가 있어야 만나는 사람, 이유를 만들어 만나는 사람이 그것이다. 현재 모임을 이를 기준으로 나눠보라. 만나는 사람도 이 기준으로 평가해보라. 남들에게 난 어떤 존재인가? 어떤 존재가 되고 싶은가? 그러기 위해서는 어떻게 해야 하는가?

승진할 수 없는 이유

승진이 너무 늦어 불만이 많던 어느 중학교 선생님이 어느 날 교장 선생님에게 이렇게 따졌다. "제가 이 자리에 몇 년이나 있었는지 아세요? 자그마치 25년이에요." 그 말을 들은 교장이 이렇게 대답했다. "25년이 아닐세. 잘못 생각한 거야. 자네는 1년 동안 있었을 뿐이야. 단지 그걸 25번 반복한 것뿐이지." 시간이 흐른다고 모두 성장하는 것은 아니다. 계속 배우고 성장하지 않으면 제자리걸음을 하는 것일 뿐이다.

시를 읽는 이유

"글을 쓰다가 막힐 때 머리도 쉴 겸 해서 시를 읽는다. 좋은 시를 만나면 막힌 말꼬가 거짓말처럼 풀릴 때가 있다. 다 된 문장에 꼭 들어가야 할 한 마디를 못 찾아 어색하거나 비어 보일 때가 있다. 그럴 때도 시를 읽는다. 단어 하나를 꿔 오기 위해 또는 슬쩍 베끼기 위해. 시집은 이렇듯 나에게 좋은 말의 보고다. 심심하고 심심해서 왜 사는지 모를 때도 위로받기 위해 시를 읽는다. 등 따숩고 배불러 정신이 돼지처럼 무디어져 있을 때 시의 가시에 찔려 정신이 번쩍 나고 싶어 시를 읽는다.

나이 드는 게 쓸쓸하고 죽을 생각을 하면 무서워서 시를 읽는다. 꽃 피고 낙엽 지는 걸 되풀이해서 봐온 햇수를 생각하고 이제 죽어도 여한이 없다고 생각하면서도 내년에 뿌릴 꽃씨를 받는 내가 측은해서 시를 읽는다. 시는 낡지 않는다. 시간이 지났다고 한물가는 시는 시가 아닐 것이다."

소설가 박완서가 한 말이다.

식민지가 된 이유

'일본은 그 시대에 해결해야 할 실질적인 문제에 적중하여 부강해질 수 있었다. 반면 우리는 그 시점에서 해결해야 할 실질적인 문제에 적중하지 못하고 그냥 하던 대로 주자학을 외우는 데만 힘을 기울이면서 헛발질을 했기 때문에 식민지가 됐다. 부강해지는 길을 가지 못하고 대내적으로나 대외적으로 위정척사만 부르짖었다. 사실 지금도 우리는 위정척사의 시절을 살고 있다. 배척과 반동의 시절이다. 적중한 후에는 적중의 효과가 일정 기간 유지되는데 여기에도 생로병사가 있다. 시공간에 존재하는 건 어떤 것도 영원할 수 없다. 당연히 적중이란 성취도 정점을 찍은 후에는 부패와 부식과 권태라는 생명 활동을 피하지 못하고 점점 효력을 잃는다.'

철학자 최진석의 저서 『대한민국 읽기』에서 인용한 구절이다. 지금 우리는 어떤가? 또 다른 식민지가 되기 위한 완벽한 상태를 만들고 있다. 내부 싸움하느라 바빠 외부에는 눈을 돌리지 않는다. 내부와의 싸움에는 귀신인데 외부와의 경쟁에는 완전히 밀리는 등신들이다. 거기에 앞서고 있는 건 역시 정권이다. 물론 이를 뽑은 국민 잘못이 가장 크긴 하지만 너무 큰 대가를 치르고 있다. 눈을 똑바로 뜨고 현실을 보라. 지금 이 상태로 국가와 사회를 보전할 수 있겠는가?

신을 만나지 못하는 이유

신을 만나고 싶은가? 자신이 하는 일에 지극정성을 다하면 된다. 최선을 다해 일하면 된다. 그럼 신이 보고 있다며 손을 내미신다. 지성이 감천이란 말이 그 뜻이다. 현실은 어떤가? 일은 대충 한다. 먹고살기 위해 억지로 한다. 그리고 일요일마다 절이나 교회에서 간절히 신을 찾는다. 그런 그를 보고 신은 무슨 말씀을 하실까? 이렇게 말씀하지 않으실까?

"애들아, 주소를 잘못 찾았다. 난 여기 있지 않고 네가 하는 일 속에 있다. 일을 제대로 한 후 나를 다시 찾아라."

성전에서 신을 만나는 것이 아니다. 우리가 하는 모든 일을 통해 신을 만나는 것이다.

신이 필요한 이유

소설가 박완서는 전문의 과정에 있던 26세의 외아들을 잃고 극도로 분노에 싸여 있었다. 특히 신을 미워했다. 그녀는 신이 있다면 어떻게 그런 일이 일어날 수 있느냐고 주장했다. "온종일 신을 죽였다. 죽이고 또 죽이고 일백 번 고쳐 죽여도 죽일 여지가 남아 있는 신, 증오의 마지막 극치인 살의, 내 살의를 위해서도 신은 있어야 돼." 하지만 스스로 얘기하듯, 그 원망과 울부짖음은 하느님이 계심을 믿기에 할 수 있는 행위였다. 강한 부정은 강한 긍정을 전제하는 것이다. 먼 훗날 어느 정도 상처가 아물게 되었을 때 그녀는 다음과 같이 고백했다.

"만일 그때 나에게 포악을 부리고 질문을 던질 수 있는 그분조차 안 계셨더라면 나는 어떻게 되었을까 가끔 생각해 봅니다. 살긴 살았겠지요. 사람 목숨이란 모진 것이니까요. 그러나 지금보다 훨씬 더 불쌍하게 살았으리라는 것만은 환히 보이는 듯합니다."

신이 늘 당신 얘기를 들어주는가? 신이 당신 소원을 들어주지 않을 때 당신은 신에게 무슨 얘기를 하는가? 신을 믿는가? 인간에게 신이 필요한가? 아니면 신에게 인간이 필요한가? 참으로 궁금하다.

실업의 진짜 이유

일자리 부족 문제는 어제오늘의 문제가 아니다. 근데 강도가 점점 심해져 미국이나 한국이나 일자리 창출은 정치인들의 최대 공약이 되었다. 근데 과연 일자리가 없는 것일까? 그건 아닌 것 같다. 중소기업인들은 사람을 뽑을 수 없다고 오래전부터 외쳐 왔고 지방에 있는 제조업체들은 지금도 그렇다. 3D 업종은 말할 것도 없고 농촌도 그렇다. 사실 일자리는 수두룩하다. 다만 보통 사람들이 원하는 그럴듯한 일자리가 부족한 것이다. 지금 말하는 일자리의 문제는 사실 매칭의 문제다. 시장에 있는 일자리와 사람들이 원하는 일자리가 서로 맞지 않는 것이다. 나도 비슷한 생각을 했는데 비정상회담에서 독일인 다니엘 린데만의 말을 듣고 내 생각이 맞을 수 있겠다 싶었다. 그의 주장이다.

"직업이 적은 것이 아니라 직업과 사람 사이에 균형이 무너진 게 문제다. 동남아시아 등에서 온 블루칼라 노동자들이 많다는 것은 아직 직업은 많은데 쓸데없이 대학을 나온 사람들이 그런 일을 할 생각을 하지 않기 때문이다. 너무 많은 학생이 대학에 간다는 것이다. 한국은 현재 70퍼센트를 넘는다. 독일은 요즘 50퍼센트 정도 되는데 전문가들은 그것도 너무 높다고 걱정한다."

썸을 타는 이유

썸 탄다는 말을 많이 한다. 서로에 대해 좋은 감정이 있지만 아직 정식으로 사귀는 상태가 아니라 어정쩡한 상태를 뜻한다. 사랑과 우정 사이? 예전에도 그런 감정이 있었지만 그런 말은 존재하지 않았다. 그만큼 흔한 일이 아니기 때문이다. 근데 왜 이런 말이 보편화되고 인구에 자주 회자될까? 그만큼 그 말에 동의하고 비슷한 감정을 느끼는 사람이 많기 때문이다. 그 말을 바꾸어 말하면 간을 본다, 나도 좋아하고 저 사람도 좋아하는 것 같지만 확신이 생길 때까지는 눈치를 보면서 기다리자는 말이다. 그 말에는 거절당하는 것이 두렵다, 내가 좋아하는 것만큼 나를 좋아하지 않는다고 판단되면 즉시 마음을 접겠다, 사랑으로 인해 나만 상처받을 수는 없다, 절대 손해 보지 않겠다는 의미가 숨어 있다. 사랑도 일종의 거래 같다는 느낌이 든다.

왜 그런 일이 일어날까? 젊은이들의 강해진 자아 때문이 아닐까? 자아보다 자기애란 표현이 적절할 듯하다. 자기를 지나치게 사랑하는 것이다. 자기를 사랑하는 것은 좋다. 하지만 이 역시 지나치면 안 된다. 우리는 자신을 지나치게 사랑한다. 사랑해도 너무 사랑한다.

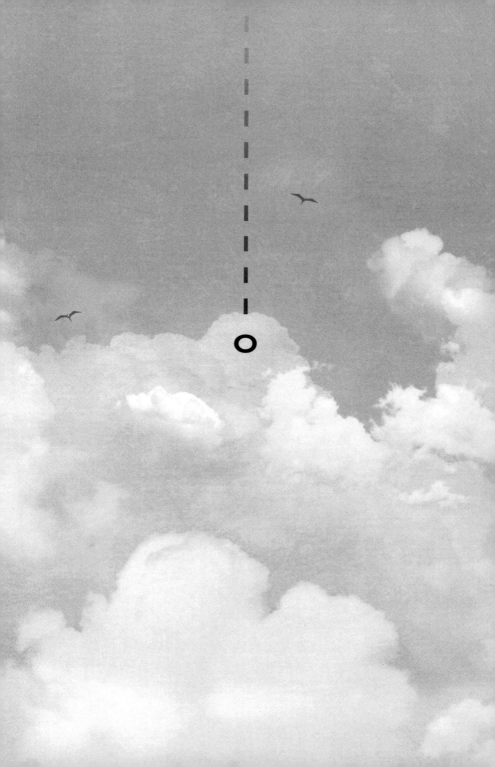

아들과 아버지 사이가 나쁜 이유

진수성찬을 앞에 두고 싸우는 부모와 비록 소박한 음식이지만 그 앞에서 사랑하는 부모 중 당신은 어느 부모를 택하겠는가? 난 당연히 후자를 택하겠다. 부모 사이가 좋으면 자식들도 부모와 사이좋을 가능성이 크다. 특히 아버지와 자식 간 관계가 그렇다.

자식과 사이가 나쁜 아버지는 왜 그렇게 되었을까? 물론 본인 잘못이 가장 크겠지만 그 못지않게 배우자의 역할이 크다. 엄마는 자신도 모르게 자식 앞에서 아버지 얘기를 한다. 아버지에 대한 불만을 듣고 자란 자식은 그걸 아버지의 참모습으로 생각한다. 자식이 아버지를 보는 시각은 엄마가 남편을 보는 시각과 일치한다. 엄마가 남편을 존중하면 자식도 아버지를 존중하고 엄마가 남편을 무시하면 자식 또한 아버지를 무시한다. 세상에 부모를 무시하는 호로자식을 원하는 사람은 없다. 하지만 자신도 모르는 사이에 자식을 그렇게 만들고 있는 사람이 많다.

아부를 좋아하는 이유

장군으로 승진한 사람에게 승진해서 좋은 점이 뭔지를 물어본 적이 있다. 그는 잠시 생각하더니 이렇게 답했다. "별로 재미난 얘기를 한 것도 아닌데 제가 얘기할 때 유난히 잘 웃네요. 웃는 사람이 늘어났네요." 왜 그럴까? 그 사람 얘기가 재미있어서 웃는 것일까? 그렇지 않다. 내용과는 관련 없이 그 사람 앞에서 웃는 게 본인 신상에 유리하다고 판단했기 때문이다. 사람이란 그런 존재다. 본능적으로 자신에게 유리한 태도를 보이는 것이 인간이다.

내가 생각하는 아부의 재정의는 "본인이 듣고 싶어하는 것 혹은 자신이 스스로에 대해 생각은 하고 있지만 차마 입 밖으로 꺼내지 못한 것을 상대가 대신 얘기해주는 것을 말한다. 여기에 익숙해지면 자기만족의 함정에 빠지게 되고 세상을 객관적으로 볼 수 없다." 아부는 별로 좋은 게 아니란 사실은 누구나 알고 있다. 아부는 단어 자체에 함정에 빠뜨린다는 의미가 있다.

하지만 웬만한 사람들은 아부의 유혹을 극복하기 어렵다. 왜 그럴까? "아부 그 사실을 믿기 때문이 아니라 자신이 누군가 비위를 맞춰야 할 만큼 중요한 인물이란 사실이 기분 좋기 때문이다." 랠프 월도 에머슨의 말이다.

아이들이 쉽게 친해지는 이유

너와 나를 구분하지 않기 때문이다. 아이들은 상대가 부자인지 아닌지, 파워가 있는지 없는지, 저 사람을 알아두면 도움이 되는지 아닌지 등은 전혀 생각하지 않는다. 그저 지금 상대와 놀고 싶어한다. 사람 사이에 벽이 없다. 그래서 쉽게 친해진다.

악덕을 근절할 수 없는 이유

악덕을 근절하려고 하는 것은 인간의 본성을 무시한 위선이다. 균형감각으로 규제하는 데만 성공하면 그런 위선에 호소하지 않아도 호모 사피엔스인 인간의 생활은 성립된다. 로마인들이 최고의 미덕으로 생각한 것은 근절이 아니라 절제였다. 악덕의 근절을 지향한 것이 아니라 적절한 공존을 지향했다. 소크라테스도, 페리클레스도, 카이사르도 포도주를 전혀 마시지 않았던 것은 아니다. 다만 취하도록 마시지 않았을 뿐이다. 시오노 나나미의 저서 『로마인 이야기』에 나온 얘기다.

악덕은 근절할 수 없다. 조금 줄일 수 있을 뿐이다. 할 수 없는 것은 할 수 없다는 사실을 인정하는 것이 지혜다.

어둠이 필요한 이유

어느 식물학자가 나팔꽃 봉오리에 24시간 빛을 비추어보았다. 그런데 꽃이 피지 않았다. 무엇이 부족했기 때문일까? 나팔꽃에게 부족했던 것은 바로 어둠이다. 나팔꽃이 피려면 아침 햇살을 받기 전에 밤의 냉기와 어둠에 휩싸이는 시간이 꼭 필요하다.

히스이 고타로의 저서 『하루 한 줄 행복』에 나오는 내용이다.

어려운 문제에 도전해야 하는 이유

근육을 키우기 위해서는 힘에 겨운 웨이트를 들어야 한다. 그럼 근육에 상처가 나고 상처가 아무는 과정에서 근육이 생긴다. 근육 생성의 메커니즘이다. 뇌를 단련하는 과정도 비슷하다. 쉬운 문제만 풀어서는 실력이 늘지 않는다. 능력이 안 돼도 센 문제에 도전해야 한다. 그럼 뇌에서 진땀이 날 것이다. 그런 과정을 거치면서 뇌에 근육이 생긴다. 내가 생각하는 뇌 훈련 방법이다. 실제 고교 시절 비슷한 경험을 했다. 당시 영어 참고서는 크게 세 종류가 있었다. 가장 쉬운 『기초영문법』, 중간 수준의 『성문종합영어』, 가장 어려운 『1200제』. 『1200제』란 참고서는 정말 어려웠다. 모르는 단어투성이였다.

근데 『1200제』를 풀다 『성문종합영어』를 보면 너무 쉬워 보였다. 실제 실력도 부쩍 늘었다. 쉬운 참고서와 문제집은 흰 밀가루와 설탕 같다. 너무 잘 정제되어 씹을 필요가 없다. 먹을 땐 좋을지 몰라도 치아나 위를 강하게 하지 못한다. 이런 음식만 먹으면 몸이 약해진다. 어려운 문제에 도전해야 한다. 그래야 응용력도 생긴다.

어텐션에 페이란 동사를 쓰는 이유

페이 어텐션Pay attention이란 표현을 쓴다. 처음 들었을 때 신기하게 생각했다. 왜 유독 어텐션attention에 지불하다는 뜻의 페이Pay를 썼을까? 아직도 학문적으로 명확한 얘기를 들은 적은 없다. 하지만 관심을 끌기 위해 애를 쓰는 수많은 중생을 보면서 혹시 관심이 그만큼 희소하기 때문이 아닐까란 추측을 했다. 예나 지금이나 관심은 소중한 자원이다.

하지만 스마트폰의 등장 이후 관심을 끌기가 더욱 힘들어졌다. 그만큼 우리의 관심을 끄는 것들이 너무 많아졌다. 웬만해서는 관심을 끌 수 없다. 온갖 희한한 행동을 하는 사람들도 조금은 이해가 된다. 어떤 면에서 우리의 일상은 누군가의 관심을 끌기 위한 것이다. 관심을 끌기 위해서라면 영혼까지 팔려고 한다. 그렇기 때문에 관심을 끌기 위해서는 뭔가를 지불하라는 의미로 난 받아들인다. 관심을 끌고 싶은가? 당신은 무얼 지불하고 있는가?

억울해하지 말아야 하는 이유

"사람의 일생은 무거운 짐을 지고 먼 길을 걷는 것과 같다. 서

두르지 말라. 무슨 일이든 마음대로 되는 것은 없다. 불만을 가질 이유가 없다. 마음에 욕망이 생기거든 곤궁할 때를 생각하라. 인내는 무사장구의 근원이다. 분노를 적으로 생각하라. 승리만 알고 패배를 모르면 그 해가 자기 몸에 미친다. 자신을 탓하되 남을 나무라지 말라. 모자란 것이 지나친 것보다 낫다. 모름지기 사람은 자기 분수를 알아야 한다. 풀잎 위의 이슬도 무거우면 떨어지게 마련이다." 도쿠가와 이에야스의 유훈이다. 일정 경지에 오른 사람의 생각이다.

음수사원飮水思源이란 말이 있다. 물을 마실 때 물의 근원을 생각하란 것이다. 모든 일에는 다 원인이 있다. 사랑받는 사람은 다 사랑받을 만한 행동을 하기 때문이고 미움받는 사람은 뭔가 미움받을 짓을 했기 때문이다. 성숙한 사람은 문제의 원인을 자신에게서 찾는 사람이다. 그럼 억울하고 분할 일도 없다. 세상일은 다 일어날 만하기 때문에 일어나는 것이다.

엄마가 운동해야 하는 이유

산부인과 전문의인 제임스 클랩은 운동을 한 산모에게서 태어난 아기 34명과 운동을 하지 않은 산모에게서 태어난 아기 31명을 태어난 지 5일 뒤에 비교해보았다. 두 가지 면에서 차이가 났다. 운동한 산모의 아기들이 자극에 대해 반응을 잘했고 소음이나 혼란스러운 빛에 울음을 터뜨리는 속도가 빨랐다. 이 결과는 중요한 의미가 있을 수 있다. 엄마가 운동하면 아기 뇌신경이 발달한다는 증거일 수 있기 때문이다.

클랩은 아기들을 5년 후 다시 검사해보았다. 두 집단의 행동이나 인지력에는 별 차이가 없었다. 단, 운동한 산모의 아이들은 언어 능력과 아이큐가 상당히 뛰어났다. 운동한 엄마에게서 태어난 아이들은 운동하지 않은 엄마에게서 태어난 아이들보다 학업 성적이 뛰어났다.

존 레이티와 에릭 헤이거먼이 공저한 『운동화 신은 뇌』에 나오는 내용이다.

여행을 떠나는 이유

과거에 대한 후회와 미래에 대한 불안 대신 현재에 집중할 수 있기 때문이다. 여행하는 동안은 늘 현재에만 집중할 수 있다. 섬바디가 아니라 노바디가 되기 위해 여행을 떠난다. 어딘가 떠나고 싶다는 얘기는 실은 아무도 모르는 곳에서 단절된 나를 경험하고 싶다는 말이다. 유명인사 혹은 사회적 책임이 큰 사람일수록 그렇다. 그들에게 이런 지위와 이름은 감옥이다. 잠시라도 아무도 자기를 알지 못하는 곳으로 가고 싶은 것이다.

여행은 내가 누구인지 잊기 위해 떠나는 것이다. 여행은 일상으로부터의 탈출이다. 파도처럼 밀려오는 해야 할 일, 미뤄뒀던 일 등으로부터 떠나기 위해 여행을 간다.

역경이 존재하는 이유

역경은 우리를 힘들게 하기 위해 존재하지 않는다. 간절히 원하는 것이 있는지, 그게 무언지를 깨닫게 하기 위해 존재한다. 원하는 것이 간절하지 않은 사람은 역경을 만나면 쉽게 하던 일을 중단한다. 간절한 사람은 역경이 와도 자기 꿈을 계속 추구한다. 역경에 무릎을 꿇는다는 건 그 일이 별로 간절하지 않다는 증거일 수 있다.

"역경에 처했을 때는 환경 하나하나가 모두 불리한 것으로 생각된다. 그러나 사실 그것들이 몸과 마음의 병을 고칠 수 있는 힘이자 약이 된다. 좋은 약은 몸에 쓰듯 역경은 잠시 몸에 괴롭고 마음에 쓰지만, 그것을 참고 잘 다스린다면 많은 소득을 기약

할 수 있다."『채근담』에 나오는 말이다.

"모든 시련이 자취를 감춘다면 인생은 을씨년스럽기 짝이 없을 것이다. 누구든 시련을 겪지 않고는 참다운 인간이 되지 못한다. 시련은 자기 존재를 스스로 깨닫게 하고 스스로를 규정하는 까닭에 대체로 사람의 운명은 그때 결정된다. 시련을 겪기 전에는 누구나 어린아이 상태에 머물러 있는 것이다." 톨스토이가 한 말이다.

역사를 공부해야 하는 이유

과거를 알아야 현재와 미래를 볼 수 있기 때문이다. 과거에 대한 이해는 다음 세 가지 원칙에 따라 이루어진다. 첫째, 과거와 현재의 차이를 인식해야 한다. 이를 구분하지 못하면 시대착오다. 물질적 차이 못지않게 정신적 차이도 보아야 한다. 가치관, 우선순위, 공포, 희망 모두 다르다. 둘째, 과거의 배경을 인식해야 한다. 정확한 역사 이해를 위해서는 사건이 일어난 배경의 이해가 필수적이다. 셋째, 과정을 인식해야 한다. 역사는 과거 사건들의 모음 그 이상이다. 개별 사건보다는 사건과의 관계를 해석할 수 있어야 한다.

박재윤의 저서 『혁신지식』에 나오는 내용이다.

연결해야 하는 이유

부자가 되기 위해서는 사람들의 필요를 알고 연결할 수 있어야 한다. 어느 유대인 이야기다. 그는 아르헨티나 정부가 3,000만 달러어치의 부탄가스를 구매한다는 정보를 얻고 여기에 참여하고 싶어한다. 물론 돈은 없다. 비슷한 시기 아르헨티나 정부가 쇠고기 과잉으로 고민한다는 얘기를 듣는다. 그는 아르헨티나 정부를 대상으로 쇠고기 3,000만 달러어치를 구입한다는 조건으로 부탄가스 계약을 따낸다. 이후 스페인으로 달려가 파산 위기에 빠진 조선소에서 3,000만 달러의 대형 유조선을 구매한다는 조건으로 자신이 구매한 3,000만 달러어치의 쇠고기를 수입하도록 설득한다. 다음에는 필라델피아 석유회사 수노코를 찾아가 3,000만 달러어치의 부탄가스 매입을 조건으로 스페인에서 건조한 대형 유조선을 임대하자는 협상을 벌이고 이를 성공시킨다.

자기 돈 없이 상대가 필요로 하는 것을 충족시키면서 프로젝트를 성공시키고 돈도 번다.

쑤린의 저서 『유대인 생각공부』에 나오는 내용이다.

연락을 못 하는 이유

남녀가 뜨겁게 사랑하면 연락이 잦아지고 피드백 속도가 빠르다. 문자를 보내면 빛의 속도로 답이 날아온다. 열렬히 사랑할 때는 번지점프 중에도 답신을 할 수 있다. 사랑이 식으면 연락이 줄고 연락해도 답신이 늦어지고 이유가 많아진다. 배터리가 나갔다, 휴대폰 신호가 잡히지 않는 지역에 있었다, 무음으로 해서 듣지 못했다 등등. 난 그런 말을 믿지 않는다. 모두 변명이다.

남자가 사랑하는 여자에게 연락을 못 하는 경우는 다음 네 가지뿐이다. 상중, 옥중, 병중, 아웃 오브 안중이 그것이다. 앞의 세 가지는 확률이 낮다. 가장 많은 건 안중에서 사라지는 것이다. 이를 전문용어로 안하무인 혹은 방약무인이라고 한다. 있지만 없는 것처럼 행동하는 것이다.

연예인에게 도덕적 잣대를 함부로 들이대면 안 되는 이유

"안정된 삶은 음악에 도움이 되지 않아요. 전 뮤지션에 관한 그 사람의 사적인 영역에 너그러워야 한다고 생각해요. 반듯하게 모범생으로 살면서 누군가의 가슴을 흔드는 음악이 어떻게 나올 수 있겠어요. 인생의 바닥을 겪어야 거기서 승화되는 무엇이 있는 거지요. 음악 하는 사람이 어떻게 살든 그건 그저 지극히 개인적인, 음악이 나오기 전까지의 숨은 과정에 불과할 뿐이고 그 결과물은 오로지 음악으로 평가받으면 된다고 생각해요. 제가 지금 다시 음악 하기를 망설이는 이유도 숨은 과정이라는 것이 너무 반듯해졌다는 거지요."

배철수의 말이다.

열정이 위험한 이유

자기에게 맞는 일을 찾아라, 열정을 갖고 일하라는 말을 자주 한다. 스티브 잡스가 대표적이다. 근데 그런 잡스는 정말 열정을 가지고 일했을까? 젊은 시절 그가 가장 열정을 가졌던 일은 명상과 선이었다. 회사에 다니다 중단하고 인도에 가기도 했다. 만약 그가 열정이 이끄는 대로 살았다면 그는 명상원 지도자가 됐어야 했다. 하지만 그는 열정을 따르는 대신 먹고살기 위한 IT 산업에 종사해 애플을 만들었다. 그 일을 제대로 하기 위해 온몸을 던졌다.

이 일이 내게 맞을까? 어떤 일이 내게 맞는 일일까? 이런 질문은 의미가 없다. 이런 질문을 던지기 전에 하는 일, 해야 할 일을 제대로 해야 한다. 그럼 열정이 나온다. 열정이란 제대로 일을 할 때 얻을 수 있는 부산물이다. 어떤 일을 하느냐는 중요하지 않다. 주어진 일을 제대로 하면 열정은 나온다. 열정을 따르는 대신 열정이 여러분을 따르도록 해야 한다.

칼 뉴포트의 저서 『열정의 배신』에 나오는 내용이다.

왕따가 늘어나는 이유

단위 면적당 생쥐 숫자를 늘리면 스트레스가 점점 높아지고 공격적 성향이 나타난다. 집에서 기르는 개의 목줄을 짧게 하면 성격이 예민해진다. 우리 교육은 학생들을 좁은 공간에 모아놓고 내구성 테스트를 하는 것과 같다. 학부모, 교사, 학원강사가 번갈아 몰아붙인다. 스트레스가 급격히 높아진다. 이러다 보면 정서불안 증세와 공격적 성향이 나타난다. 생쥐들은 공격적 성향이 높아지면 같은 무리 중 약자를 골라 공격 대상으로 삼는다.

마찬가지로 아이들은 약한 학생을 이유 없이 괴롭힌다. 스트레스를 엉뚱한 방향으로 푸는 것이다. 왕따가 늘어나는 이유다. 스트레스가 왕따를 만드는 것이다.

이면우의 저서 『생존의 W이론』에 나오는 내용이다.

외부의 지혜를 빌려야 하는 이유

앨프 빙엄의 이노센티브 회사는 난감한 문제에 직면한 의뢰인으로부터 돈을 받고 도전과제를 사이트에 올린다. 각 기관 전문가들도 두 손 든 문제들이다. 그중 하나가 엑손발데즈호 사고로 유출된 원유를 바지선에 실은 뒤 처리하는 문제였다. 초콜릿 무스처럼 끈적거리는 원유를 꺼낼 방법이 마땅치 않았다. 그 문제를 푼 사람은 화학자가 아니었다. 그는 화학적 방법으로 문제를 풀지 않았다. 그는 예전 친구 집에서 콘크리트 계단 공사를 했던 기억을 떠올렸다. 바짝 마른 콘크리트를 콘크리트 진동기로 슬러시처럼 만들었던 경험이었다. 해결책은 딱 3페이지였다. 산업 내에 있는 사람들이 쉽게 푸는 것이라면 그 산업 내에서 이미 해결되었을 것이다.

우리는 자신이 속한 업계에서 수집한 모든 정보를 갖고 세상을 보려는 경향이 있고 다른 길을 찾으려고 노력하지 않는다. 문제해결 방법의 하나는 나와 다른 집단의 사람들에게 내가 가진 문제에 대해 질문하는 것이다. 외부의 힘을 빌려야 하는 이유다.

용기 있는 자가 미인을 얻는 이유

세스 스티븐스 다비도위츠의 『데이터는 어떻게 삶의 무기가 되는가』에는 예술에서의 성공 패턴 두 가지가 나온다. 하나는 스프링스틴 법칙이다. 여기저기 열심히 돌아다니면서 기회를 잡아야 한다는 것이다. 가수 브루스 스프링스틴은 캠핑카에서 살 만큼 어려웠지만 몇 년 동안 전국을 누비면서 모든 기회를 잡으려 했다. 오라는 데는 다 갔고 자신을 만나고 싶어하는 사람은 무조건 만났다. 제작 오디션에도 여러 번 도전했고 실패를 반복하다 컬럼비아 레코드에서 음반을 내면서 성공의 문을 열게 됐다. 아무 일도 하지 않으면 아무 일도 일어나지 않는다는 것이다.

또 다른 하나는 피카소의 법칙이다. 피카소는 1,800점의 채색화와 1만 2,000점의 드로잉을 발표했다. 다작으로 행운을 잡으라는 것이다. 밥 딜런은 500곡이 넘는 노래를 작곡한 다작가다. 전성기의 밥 딜런은 곡을 워낙 많이 써서 자신이 뭘 작곡했는지도 잊곤 했다. 거장이 되고 싶은가? 그럼 다작하라. 많은 작품을 쓰다 보면 행운을 잡을 기회가 많아진다. 예술작품의 성공은 복권 당첨과 비슷하다. 많이 사야 당첨 확률이 높아지는 것처럼 예술가도 많이 써야 한다.

사랑도 그렇다. 일단 고백을 많이 해야 한다. 남녀 매칭에서 가장 낮은 점수의 남자가 가장 높은 점수의 여자에게 메시지를 보냈을 때 확률은 15퍼센트 정도다. 반대로 가장 낮은 점수의 여자가 가장 높은 점수의 남성에게 메시지를 보내면 확률은 35퍼센트다. 데이트 세계에서는 시도를 많이 할수록 행운을 얻을 확률이 높아진다. 포기하면 안 된다. 용감한 사람이 미인을 얻는다는 말은 괜한 말이 아니다.

원래란 말을 쓰지 말아야 하는 이유

원래부터 그런 것은 존재하지 않는다고 생각하는 순간 우리 뇌는 정지한다. 세상에 원래가 어디 있는가? 당시에는 원래였지만 지금은 아닌 것이 수두룩하다. 원래와 원래가 아닌 것이 싸우면 누가 이길까? 당연히 원래가 아닌 것이 이긴다. 대표적인 것이 아마존과 기존 유통점과의 싸움이다. 원래들은 원래의 고정관념에 빠져 새로운 시도를 하지 않는다. 원래가 아닌 건 원래 가진 것이 없기 때문에 마음껏 상상력을 펼쳐 원래를 파괴한다. 원래란 말을 조심해야 한다.

원래란 말을 입에 달고 살면 질문하지 않는다. 과거의 관행을 반복하면서 현재에 머물게 된다. 원래 그런 건 세상에 없다.

원래 대신 "왜 그렇지? 꼭 그렇게 해야 하나? 이런 방법은 어떨까?"란 말을 해야 한다. 통념에 저항하는 도발적인 질문을 해야 한다. 그래야 발전할 수 있다.

원칙과 룰을 지켜야 하는 이유

원칙과 룰을 지키는 편인가? 아니면 그때그때 편법과 반칙을 하면서 사는 편인가? 어느 게 더 유리할 것으로 생각하는가? 단기적으로는 지키지 않는 것이 지키는 것보다 낫다고 생각할 수도 있지만 사실은 그렇지 않다. 원칙과 룰을 지킨다는 것은 고리타분한 것과는 다르다. 당장은 시간이 더 걸릴 것 같지만 길게 보면 그렇지 않다. 노벨경제학상 수상자 키드랜드와 프레스콧은 1977년 「재량권보다는 룰」이라는 논문에서 융통성보다 원칙을 지킬 때 효율성이 높아진다는 것을 밝혀냈다.

이유는 하나다. 바로 신뢰다. 모든 거래와 관계에 있어 원칙을 지킬 때 신뢰가 높아지고 거래비용이 줄어든다는 것이다. 룰에 문제가 있으면 룰을 바꾸면 된다. 하지만 바뀌기 전까지는 룰을 지키는 게 옳다. 그런데 불합리한 룰이 있어도 바꿀 생각을 안 한다. 안 지켜도 무방하기 때문이다. 룰은 있되 지키는 사람은 없는 룰, 이것이 조직을 병들게 한다. 로마제국이 1,000년 영화를 누릴 수 있었던 것은 법에 의한 지배, 잘 짜인 시스템, 상세한 매뉴얼, 철저히 준수한 사람들과 문화가 있었기 때문이다.

그렇다고 외골수로 룰만 고집하자는 말이 아니다. 룰이 먼저고 그 바탕 위에서 융통성을 갖자는 말이다. 아니, 룰이 있어야 융통성을 발휘할 수 있다. 룰이 없으면 융통성의 의미도 없는 법이다.

유명인이 마약이나 도박에 빠지는 이유

딸들 손에 이끌려 유명 가수들 콘서트를 몇 번 가본 적이 있다. 참 대단한 열기다. 그 큰 체육관에 몇만 명 정도의 광팬이 모여 가수의 일거수일투족에 환호한다. 물만 마셔도 자지러진다. 무대 위 주인공의 감정 상태는 어떨까? 나 같은 보통 사람은 상상도 할 수 없는 기쁨과 쾌감일 것이다. 수십억 원의 복권에 당첨된 사람들도 비슷하지 않을까? 남들은 평생 만져보지 못할 돈을 한꺼번에 쥐었으니 그 기쁨이 얼마나 크겠는가? 그 돈으로 할 일과 살 물건 등을 생각하면 날아갈 듯할 것이다. 그런 경험이 없으니 나는 그런 사람들의 마음을 이해할 수 없다.

그럼에도 불구하고 거기에 따른 위험은 상상할 수 있다. 감정의 기준점이 너무 올라간 것이 가장 큰 문제일 것이다. 그렇게 극단적인 경험을 했기 때문에 웬만한 일에서는 별 감흥을 느끼지 못할 것 같다. 사소한 것에서 행복을 느끼기는 쉽지 않을 것이다. 그래서 모든 것을 다 가진 유명인들이 마약과 도박에 빠지는 것이 아닐까? 별 근거 없는 나만의 생각이다.

윤리 과목을 채택하지 않은 이유

1980년대 하버드대학교 경영대학원에서 기업윤리 과목을 채택할 것이냐를 놓고 논의를 했다. 채택하지 않기로 했는데 이유가 재미있다. 들어야 할 사람은 수강을 안 할 것이고, 듣지 않아도 될 사람은 수강할 것이기 때문이다.

음식이 발달하는 이유

입맛은 서너 살 때 형성된다고 한다. 그렇기 때문에 이민 간 지 몇십 년이 지난 교민들이 여전히 된장과 김치를 끊지 못하는 것이다. 재벌들이 요식업에 진출한다는 비판도 비판할 일은 아니란 생각이다. 내가 아는 재벌 2세 혹은 3세들은 대부분 입맛이 발달했다. 어렸을 때부터 맛난 음식을 많이 먹어봤기 때문이다. 그들이 요식업에 진출하는 이유 중 하나는 자신들의 입맛에 맞는 음식점을 찾기 어렵기 때문일 수 있다. 그래서 직접 음식점을 차리고 싶은 것이다.

세계 3대 요리로 꼽히는 프랑스, 중국, 터키의 공통점은 식자재가 풍부하다는 지리적 여건 외에 빈부격차가 크고 제국이 발달했다는 점이다. 귀족들이 좋은 음식을 밝히는 건 당연한 것이고 그래서 음식이 발달한 것이다. 고객이 있어야 생산이 따라오는 이치다. 취향은 사춘기 때 형성된다. 사춘기 때 들은 음악을 평생 좋아하는 이유다. 가치관은 10대 후반에 형성된다. 신입사원 교육이 중요한 이유다.

이벤트를 혐오하는 이유

오래전 군대에서 구타 금지를 위한 궐기대회를 한 적이 있다. 구타로 사병 하나가 사망한 사건 때문에 사령부에서 예하 부대로 지시가 내려온 것이다. 전 사병이 연병장에 집합해 다시는 구타하지 않겠다고 다짐을 했다. 누군가 복창하면 나를 포함한 모든 군인이 같이 복창했다. 근데 끝나자마자 고참 하나가 졸병들을 다 집합시킨 후 이렇게 물었다. "너희들 중 구타가 필요 없다고 생각하는 놈 손들어!" 누가 감히 그런 분위기에서 손을 들겠는가! 그러자 고참은 이렇게 말을 이었다. "그렇지. 군대에서는 구타가 필요하지. 그게 없으면 군기가 빠지잖아. 다들 그렇게 생각하지." 그러면서 구타를 하기 시작했다.

무슨 일만 생기면 궐기대회를 생각하는 상사들이 있다. 인간에 대한 이해가 제로인 사람들이다. 내가 궐기대회 같은 이벤트를 싫어하는 이유다.

이슬람 숫자가 증가하는 이유

첫째, 비이슬람 남자가 이슬람 여자와 결혼하려면 이슬람으로 개종해야 한다. 그리고 부모 중 한 명이라도 이슬람이면 아이 역시 이슬람이 된다. 둘째, 일단 이슬람교도가 되면 개종이 불가능하다. 배교는 가장 큰 범죄로 간주되기 때문이다. 유명 영화배우 오마 샤리프는 레바논 출신 기독교인이다. 그는 이슬람 여성과 결혼하기 위해 이슬람교도가 되었다. 나중에 이혼했지만 원래의 종교로 되돌아갈 수 없었다. 원래 이집트는 기독교가 훨씬 많았는데 이 같은 불균형으로 나중에는 이슬람이 다수인 국가가 됐다. 이집트뿐만 아니라 어느 나라든 이슬람이 들어가 다른 종교와 결혼하면 숫자가 폭발적으로 증가한다.

유대교는 다르다. 어머니가 유대교여야 자식도 유대교가 된다. 확장성이 떨어지는 종교법 때문에 여전히 소수파에 불과하다. 가장 떨어지는 건 그노시스파 종교다. 부족의 소수 원로 외에는 누구도 자기 종교의 지식이나 신비에 접근하는 걸 차단한다. 부모 모두 신자가 아니면 자녀 역시 신자가 되지 못하고 부족에서 배척당한다. 그런데 이슬람 발생 전 근동 지역의 종교전쟁에서 기독교가 승리한 이유는 기독교의 배타성과 적극적인 개종 정책 때문이다. 당시 다른 종교들은 포용적인 입장을 보였지만 기독교는 다른 신을 인정하지 않았고 그 때문에 박해를 받았다. 가장 양보하지 않는 종교가 지배적인 종교가 됐다.

나심 니콜라스 탈레브의 저서 『스킨 인 더 게임Skin in the Game』에 나오는 내용이다.

이슬람이 돼지고기를 먹지 않는 이유

가정家庭의 집 가家는 집 면宀+돼지 시豕다. 옛날에는 집에서 돼지를 키웠다는 증거로 제시되는 얘기 중 하나다. 하기야 얼마 전까지도 제주도에서는 집에서 돼지를 길렀다고 한다. 근데 농사일에 별 도움이 안 되는 돼지를 왜 집에서 키웠을까? 인간이 먹는 것과 돼지가 먹는 것이 비슷하기 때문이다. 먹다 남은 음식을 주면 되니까 기르기 손쉬웠을 것이다.

그렇다면 왜 이슬람은 돼지고기를 먹지 않을까? 그들은 유목민족이다. 계속 이동해야 하고 이를 위해서는 먹을 걸 간편하게 만들어야 한다. 육포 같은 게 대표적이다. 돼지는 도저히 데리고 다닐 수 없다. 인간 먹을 것도 없는데 어떻게 돼지 먹을 걸 챙기겠는가? 그런 그들이 돼지고기에 맛을 들이면 곤란하니까 돼지고기를 못 먹게 하지 않았을까? 물론 나만의 생각이고 상상력이다.

이슬람이 일부다처제인 이유

사막에서 여자와 아이들은 생존하기 어렵다. 남자가 죽는 순간 그 남자의 아내와 아이들은 위험에 노출된다. 전쟁으로 수많은 남자가 죽어가는데 그때마다 가정이 무너진다면 그 사회는 너무 취약하다. 남자가 죽어도 가정을 누군가 지켜야 사회가 튼튼해진다. 방법은 오직 하나뿐이다. 살아남은 남자가 여러 여자를 보살피는 것이다. 그래서 일부다처제가 나오지 않았을까?

이웃사촌으로 사는 게 쉽지 않은 이유

이웃사촌이란 말이 있다. 멀리 사는 친척보다 가까이 사는 이웃이 낫다는 뜻이다. 근데 국가 간에는 이게 해당하지 않는 것 같다. 가까운 국가끼리 친한 국가는 별로 없다. 대부분 국경 분쟁이 있거나 분쟁은 없어도 서로를 좋아하지 않는다. 우리와 일본이 대표적이다. 뉴질랜드와 호주도 그렇고 프랑스와 영국도 그런 것 같다.

호주인은 뉴질랜드 사람들을 키위라고 부른다. 키위는 뉴질랜드에서만 볼 수 있는 새를 말한다. 닭 정도의 크기인데 하늘을 날지 못한다. 반면 뉴질랜드는 호주인을 수다쟁이라고 말한다. 그래서 이런 농담을 한다. "이번에 속사 촬영용 신형 카메라가 나온 거 알아요? 어찌나 빠른지 호주인들이 입 다물고 있는 사진을 찍을 수 있다네요."

영국과 프랑스도 불편한 관계다. 영국인은 프랑스인을 개구리를 뜻하는 프로그frog라고 부른다. 가난한 프랑스인들이 과거 개구리 뒷다리를 먹었다는 것에서 유래했다. 반면 프랑스는 영국인을 로스트 비프roast beef로 묘사한다. 요리법이 발달하지 않은 영국이 구운 쇠고기만을 먹는 걸 꼬집은 것이다. 또 형편없는 요리를 잉글리시 디시english dish라고 부른다. 영국의 반격도 만만치 않다. 무단결근이나 허락 없이 자리를 비우는 것을 프렌치 리브french leave라고 부른다.

이혼율이 증가하는 이유

이혼율이 증가한 것도 합리적 선택이다. 현명한 여성은 비참한 결혼생활을 유지하기보다는 이혼을 선택했다. 여기에는 경제적 이유도 한몫한다. 1969년 당시 캘리포니아 주지사였던 로널드 레이건 대통령은 무결점 이혼을 승인하는 법안에 서명했다. 배우자 중 누구라도 이혼을 원하면 이혼할 수 있게 되었다. 이에 따라 이혼 비용이 저렴해졌다. 이혼율이 높아진 것은 경제적인 이유 때문이기도 하다. 기술의 발전으로 가사에 소모되는 시간이 줄자 기혼 여성들이 아이들을 키운 뒤 취업전선에 뛰어들 수 있었다. 예전에는 이혼하고 싶어도 경제적인 이유 때문에 망설였으나 경제적으로 자유로워진 여성들이 망설일 이유가 없어진 것이다.

팀 하포드의 저서『경제학 콘서트 2』에 나오는 내용이다.

인생을 내가 정의해야 하는 이유

"자신이 정의하지 않은 남이 만들어놓은 행복을 추구하려고 하지 마세요. 오히려 그 시간에 소소한 일상의 한순간에 최선을 다하세요. 무엇이 진짜 여러분을 행복하게 하는지 고민하세요. 선택의 순간에 남이 정해준 기준을 좇지 말고, 본인 기준에 따라 선택하세요. 본인이 행복한 상황을 정의하고 방해하는 것들을 제거하세요. 그걸 반복하다 보면 습관이 되고, 습관은 소명이 되어 여러분의 길을 이끌어줄 겁니다." 방탄소년단을 만든 방시혁이 서울대학교 졸업식 축사에서 한 말이다.

스티브 잡스도 비슷한 얘기를 했다. "여러분의 시간은 한정되어 있습니다. 다른 사람의 삶을 사느라 시간을 낭비하지 마세요. 타인의 생각을 좇지 마세요. 타인의 목소리가 내면의 목소리를 삼키지 못하게 하세요. 가장 중요한 건 가슴과 영감을 따르는 용기를 내는 것입니다. 이미 여러분은 그걸 알고 있습니다. 나머지 것들은 모두 부차적인 것들입니다."

인증샷에 목숨을 거는 이유

경상도 남자는 사랑 표현을 하지 않는 것으로 유명하다. 그래서 퇴근 후 "아는, 밥 줘, 자자" 딱 세 마디를 한다는 우스갯소리도 있다. 하지만 그렇다고 그들이 덜 사랑하는 건 아니다. 매일 사랑한다고 외치고 입을 맞추는 미국 사람들이 더 뜨겁게 사랑하는 건 아니다.

근데 노골적인 과시를 즐기는 커플을 주목할 필요가 있다. 매일 인터넷에 둘이 사랑하는 모습을 보여주기 위해 애쓰는 커플이다. 왜 그들은 둘이 사랑하는 모습을 보여주는 데 목숨을 걸까? 그들이 정말 사랑하는 것일까? 아니면 남들 눈에 비친 두 사람 모습을 사랑하는 것일까? 마치 인증샷을 찍는 게 사랑의 목표가 아닐까 의심이 된다. 부부싸움을 한 후에도 인증샷을 찍어 올리는 건 아닐까? 그들은 남들 앞에서는 사랑하는 척하다 둘이 있을 때는 썰렁할 가능성이 크다. 정말 사랑한다면 이를 남들 앞에서 보여줄 필요성을 느끼지 않는다. 둘만의 사랑으로 충분하기 때문이다.

난 글을 쓸 때 내 기준을 가장 중시한다. 내 맘에 드는 것이 우선이고 남들은 그다음이다. 최선은 나도 좋고 남들도 좋은 것이다. 나는 좋은데 남들은 별로인 경우도 종종 있지만 크게 개의치 않는다. 사랑도 그래야 하지 않을까? 사랑 대신 사랑을 빙자하는 쇼를 하는 건 위험하다. 그건 마음이 공허한 사람들이나 하는 행위다.

인지 능력이 중요한 이유

일을 잘하는 김 대리가 어느 날 갑자기 사표를 제출했다. 깜짝 놀란 상사가 "어떻게 갑자기 이럴 수가 있느냐?"라며 따진다. 김 대리의 이런 행동이 갑작스러운 것일까? 그가 갑자기 사표를 제출한 것일까? 그렇지 않다. 그는 이런저런 경로를 통해 자신의 불만을 나타내고 뭔가 조치를 기대했을 것이다. 다만 이 사실을 상사가 인지하지 못했을 뿐이다.

나리타 공항에서의 이별이란 것도 그렇다. 은퇴 후 세계 여행을 다녀온 후 아내가 나리타 공항에서 남편에게 잠깐 앉으라고 한 후 "이제 우리 그만 같이 살자."라고 통보하는 것을 말한다. 대부분의 남자는 갑작스러운 아내의 통보에 충격을 받는다. 아내 입장에서는 어제오늘의 문제가 아니다. 오랫동안 벼르면서 때를 기다린 것이다. 이 역시 남자가 인지하지 못했다. 둘 다 눈치코치가 없는 사람들이다.

인지 능력은 중요하다. "질병은 초기에는 치료하기 쉽지만 진단하기는 어렵다. 시간이 흐르면 진단하기는 쉬워지지만 치료하기는 어렵다. 인식하지 못하면 사태가 악화된다. 이윽고 모든 사람이 다 알아차릴 때가 되면 어떤 해결책도 소용없다." 마키아벨리가 한 말이다. 인지 능력이란 분위기를 파악하는 능력이다.

일류 선수가 일류 감독이 되지 못하는 이유

대부분의 일류 선수는 타고나는 경우가 많다. 선천적 재능으로 압도적 우위를 누린다. 자신도 왜 그렇게 잘하는지 모른다. 테니스 선수 노바크 조코비치가 그런 사람이다. 그는 시속 193킬로미터의 엄청나게 빠른 서브를 넣는다. 근데 어떻게 그런 서브를 보낼 수 있는지 자신도 모른다. 대부분의 전문가가 그렇다. 그들이 자기 행동을 분석하면 오히려 생산성이 떨어진다. 스포츠에서 이를 초킹choking이라고 하는데 압박감 때문에 정상 컨디션을 유지할 수 없는 것을 이른다. 하지만 초보자는 다르다. 이들에게 분석하게 하면 성과가 나아진다.

전문가와 비전문가는 생각하는 방식이 다르다. 전문가가 잘 가르치는 건 아니다. 말론 브란도의 연기 워크숍은 폭망했다. 매직 존슨, 아이제이아 토머스, 웨인 그레츠키는 초일류 선수지만 감독으로는 실패했다. 왜 이런 일이 일어날까? 가르치는 능력은 전문성에 비례하지 않는다. 무언가를 잘하는 것과 타인을 잘 가르치는 건 다른 능력이다. 일류 선수가 일류 감독이 되지 못하는 이유다.

일본이 현금을 중시하는 이유

오래전 해외 출장을 갈 때는 늘 여행자 수표로 바꾸어 나갔다. 도난방지를 위한 목적이 컸던 것 같다. 현금으로 바꾸기 위해서는 본인의 사인이 필요해 현금보다는 상대적으로 안전했다. 그러다 신용카드가 보편화되면서 여행자 수표가 사라졌다. 누구나 카드 한 장으로 뭐든지 살 수 있게 됐다. 근데 모든 나라에서 그런 건 아니다. 특히 일본에서 현금 없이 카드만 들고 나갔다는 망신을 당하기 십상이다. 큰 식당이지만 현금만 받는 경우가 제법 있다. 난 이를 이해할 수 없었다. 어떻게 일본 같은 선진국에서 카드 대신 현금만 받을 수 있는지 화가 났다. 그러다 최근 여행 가이드의 얘기를 듣고 그럴 수 있겠다고 생각하게 됐다. 그분의 설명이다.

"일본은 자연재해가 많은 곳입니다. 지진도 잦고 비도 많이 오고 홋카이도 같은 곳은 눈도 많이 옵니다. 그럼 전기가 끊기고 카드단말기를 쓸 수 없지요. 당연히 모든 가게는 현금만 받습니다. 단체 여행객과 함께 움직이는 저 같은 사람에게 현금은 생명줄과 같습니다. 일본이 현금을 중시하는 이유입니다."

변화 속도에 있어 한국과 일본은 게임이 되지 않는다. 일본은 아직도 팩스를 중시하고 도장을 찍는 곳도 많다. 현금이 거의 사라져가는 우리와 달리 일본은 아직 현금을 중시하고 앞으로도 중시할 것 같다.

일상이 소중한 이유

새벽에 일어나 차를 한잔하며 글을 쓴다. 아침 식사를 한 후 세리CEO의 북리뷰 촬영을 하고 지인을 만나 점심을 먹는다. 일 찌감치 집에 돌아와 책을 좀 읽다 피곤해지면 영화를 한 편 보고 아내와 이른 저녁을 먹는다. 오늘 내 일정이다. 아주 심플하다. 지난 주말은 모임과 손자 돌보기 등으로 그런 일상이 깨졌다. 손 자와 노는 것은 좋지만 평범한 일상이 그리운 주말이었다. 난 평 범한 일상이 제일 좋다. 여행도 좋고 골프도 좋고 술 마시는 것 도 좋지만 평범한 일상이 가장 소중하다.

여러분에게 일상은 어떤 의미를 갖는가? 혹시 지겨워 어디론 가 떠나고 싶은가? 그렇지 않을 수 있다. 한 지인은 갑작스러운 암 진단을 받고 몇 달간 치료를 받았다. 뭐가 가장 생각났느냐는 질문에 그는 이렇게 답했다. "출근하고 회의하고 직원들과 밥 먹 으러 가는 일상이 가장 그리웠어요. 제가 이런 걸 그리워할 줄은 꿈도 꾸지 못했어요." 가장 소중하지만 평소에 대접받지 못하는 것은 바로 평범한 일상이다.

일본 대지진 때 이재민들이 가장 원한 게 있다. 바로 편의점 정상화다. 왜 그럴까? 그들에겐 편의점이 일상이기 때문이다. 깨진 일상을 되찾고 싶었던 것이다. 너무 평범해 평소에는 소중함을 모르는 것이 바로 일상이다. 내게는 일상이 가장 소중하다.

일을 해야 하는 이유

무엇을 위해 일을 하는가? 갑자기 100억 원이 생긴다면 직장을 어떻게 하겠는가? 많은 분은 그래도 일은 하겠다고 말할 것이다. 나 역시 마찬가지다. 도대체 일은 무엇이고 왜 일을 하는 것일까?

일본 도쿄대학교 강상중 명예교수는 나쓰메 소세키의 소설 『그 후』에 나오는 다이스케의 사례를 든다. 그는 부잣집 아들로 태어나 좋은 머리를 타고났고 최고의 교육까지 받는다. 하지만 졸업 후 아무 일도 하지 않는다. 아버지는 무슨 일이든 하라고 하지만 들은 척도 하지 않는다. 그는 생활을 위한 노동은 천한 것이고 만약 일한다면 생활 이상의 그 무엇을 위한 것이어야 한다고 생각한다. 물론 아버지 덕분에 일하지 않아도 먹고사는 데 지장이 없다는 것이 가장 큰 이유다. 하는 일이라곤 우아하게 외국 책을 읽고 고상한 사색을 하고 명품으로 휘감는 일이다. 그러다 친구의 아내 미치요를 사랑하게 되면서 아버지 눈에 벗어나고 급기야 집에서 쫓겨난다. 생활비도 받을 수 없게 된다. 여유 있는 백수 생활에서 미치요를 부양하기 위한 노동을 시작한다. 꿈의 세계를 떠다니던 청년이 현실로 떨어지는 이야기다.

주변에 이런 사람이 있다. 물려받은 재산 덕분에 좋은 학교를 나왔지만 무위도식하고 있다. 언뜻 부러워 보이지만 사실은 참 안 된 일이다. 그런 사람은 별로 행복하지 않고 콤플렉스 덩어리인 경우가 많다. '스스로 제구실을 못 한다'는 생각 때문이다. 재산이 있고 없음을 떠나 '일하지 않는다'는 것은 상상 이상으로 중압감을 준다. 사람이 일하는 행위의 가장 밑바닥에 있는 것은 '사회 속에서 자기 존재를 인정받는' 것이다. 일을 통해 자기 존재의 의미를 확인하는 것이다. 일을 통해 스스로 사회에 쓸모 있는 존재라는 것을 느끼는 것이다. 일하지 않는다는 것은 자신도 모르는 사이에 '나는 버림을 받았어. 아무도 나를 고용해주지 않아. 나는 쓸모없는 인간이야.'라고 생각하게 되는 것이다. 흔히 직장을 얻거나 일을 시작하면 "사회에 나왔다."란 말을 한다. 사람 구실을 하게 되었다는 의미다. 일을 하는 이유는 '사회로부터의 인정, 타자로부터의 배려'다.

강상중의 『고민하는 힘』에 나오는 내용이다.

"일하기 싫거든 먹지도 말라." 사도 바울의 말이다. 가장 큰 애국자는 일을 많이 하고 돈을 많이 벌어 세금을 많이 내는 사람이다. 반대로 평생 자기 손으로 돈을 벌어본 적이 없는 사람은 애국자가 아니다. "사람이 존경할 만한 가치가 있느냐 없느냐는 자신의 힘으로 생활해나갈 수 있느냐 없느냐에 좌우된다." 『탈무드』에 나온 말이다. 학자나 종교 지도자라 할지라도 다른 사람의 원조나 기부에 의존해 생활한다면 존경의 대상에서 제외된다. 돈과 여유가 있고 그 모든 것을 쏟아 공부에만 열중한다면 누구나 학자가 될 수 있기 때문이다.

그러므로 참된 학문과 생활 능력을 얻기 위해서는 땀 흘려 일해 자신의 생계를 책임지면서 공부해야 한다. 유명한 유대인 철학자 스피노자도 렌즈를 만들어 파는 일로 생계를 유지했다. 유대인은 '자신의 힘으로 생활할 수 있는 자는 하늘을 두려워하는 종교인보다 위대하다.'라고 배운다. 유대인 사회에서는 '부자는 가난한 자의 것을 착취하여 생활해서는 안 되며, 가난한 사람 또한 땀을 흘리지 않고 남에게서 빌리거나 이익을 얻어서는 안 된다.'라고 규정하고 있다.

읽고 싶은 책이 늘어나는 이유

책을 읽고 소개하는 직업을 가진 지 20년이 넘어간다. 누구보다 많은 책을 접했다. 하지만 이상한 일이 하나 있다. 그렇게 많이 읽는데 읽을수록 읽어야 할 책, 읽고 싶은 책이 늘어난다는 점이다. 궁금한 것과 알고 싶은 게 계속 늘어난다. 반대로 생전 책을 읽지 않는 사람은 점점 책을 읽지 않는다. 궁금한 것도, 알고 싶은 것도 없어 보인다.

요즘 같은 영상 시대에 왜 책을 읽어야 하는지 모르겠다는 말도 한다. 과연 그럴까? 살면서 가장 어려운 건 나 자신을 아는 것이다. 내가 어떤 사람인지를 아는 것이다. 무엇보다 자신이 얼마나 무지한지를 인식하는 것이다. 이게 바로 무지無知의 지知다. 책을 많이 읽으면서 달라진 건 딱 하나다. 내가 무지하다는 사실을 인식하게 되었다는 점이다. 이런 내가 참 마음에 든다. 적어도 난 내가 무지하다는 사실은 인지하고 있다.

자격증을 믿지 않는 이유

난 어떤 자격증도 크게 믿지 않는다. 직원이 어떤 자격증을 가지고 있다고 해도 그저 참고만 할 뿐이지, 그 실력을 크게 인정해주지는 않는다. 대부분의 자격증은 보통 사람보다 이론을 조금 더 안다는 의미일 뿐 실무를 더 잘한다는 뜻은 아니기 때문이다. 그럼에도 불구하고 사람들은 자격증에 지나치게 매달린다. 자격증을 소유함으로써 더 많은 대가를 받는 게 가능한 직종이 있는 것은 사실이지만 자격증 소지자가 많다는 것은 결국 있으나 없으나 마찬가지라는 뜻이다. 정작 기업에서 필요한 사람은 실무에 밝고 비즈니스 감각이 뛰어난 사람들임을 잊지 말라.

입사할 때 유리하게 작용하는 자격증이 있기는 하지만 실무 수행 능력이 받쳐주지 않으면 별 소용이 없다. 게다가 어떤 자격증을 가진 사람들을 강제로 채용하라는 규정은 점점 사라지게 마련이며 업계 자율에 점차 맡기게 된다. 업계의 요청에 의해 정부에서 한때 식품영양사 강제 채용 규정을 대폭 완화하려고 시도했음을 상기하면 된다. 결국은 모든 일엔 실력이 좌우하는 것이지 자격증이 있다고 영원히 안정된 직장이 생긴다는 것은 착각에 지나지 않는다. 대부분의 자격증은 이미 관련 분야에서 종사하고 있는 사람이 획득했을 때 도움이 된다는 사실을 기억하라. 자격증이나 면허증이 당신을 평생 편안하게 벌어먹게 해줄 것이라는 환상은 갖지 말라. 이 사회에서 요구하는 것은 진짜 실력이지 이론 나부랭이가 아니다. 특히 민간단체에서 시행하는 수많은 자격시험은 일단 색안경을 끼고 보라.

세이노의 저서 『세이노의 가르침』에 나오는 내용이다.

자랑질이 위험한 이유

사랑한다는 말을 많이 할수록 이혼을 많이 한다. SNS에 남편 자랑으로 도배하던 신부가 얼마 후 이혼했다. 남에게 그렇게 자랑한다는 것은 뭔가 이상하다. 배우자와 사이가 좋으면 그냥 좋으면 된다. 왜 이것을 동네방네 떠들고 다니는가? 그게 무슨 자랑거리인가? 부부가 사랑한다는 것을 자랑하는 것은 마치 아침밥을 먹고 화장실에 다녀왔다고 자랑하는 것만큼이나 이상한 일이다. 그런 사랑은 거래일 가능성이 크다. "내 기대를 만족시키는 한 난 너를 사랑한다. 하지만 그렇지 못하면 내 사랑을 회수할 것이다." 자랑질은 그가 나를 얼마나 사랑하는지를 증명하는 일종의 영수증이다. 이런 식의 사랑은 깨지기 쉽다. 깨질 수밖에 없다.

삶은 이벤트가 아니라 일상이다. 일상은 흥분되고 짜릿한 그 무엇이 아니라 그저 무덤덤한 일들의 연속이다. 그렇게 기대가 높은 사람에게 남은 일은 끊임없는 실망일 뿐이다.

잠이 안 오는 이유

불면증으로 고생하는 사람들이 많다. 크게 두 가지 원인 때문인 것 같다. 하나는 운동 부족이고 또 다른 하나는 골치 아픈 일이다. 몸은 쓰지 않고 머리만 쓰기 때문에 잠이 오지 않는 것이다. 몸과 정신 사이에 균형이 깨졌기 때문이다. 종일 육체적인 일에 시달린 사람에게 불면증이란 존재하지 않는다. 유격훈련을 받은 후, 수십 킬로미터 행군을 끝낸 후, 불면증을 호소하는 사람은 없다. 10분 휴식 시간만 줘도 바로 잠에 빠진다. 골치 아픈 일 때문에 잠이 오지 않는 사람에게 가장 권하고 싶은 것은 걷기다.

걷다 보면 기분이 달라진다. 두 시간쯤 걸으면 그 일이 별일 아니란 생각이 든다. 의외의 해법이 떠오르며 기분이 좋아진다. 거기다 잠도 잘 온다. 잠을 잔 후에는 '내가 왜 그런 일로 고민을 했을까?'라는 생각이 든다. 만일 그래도 계속 고민이 된다면 그건 정말 고민이다.

적을 만드는 이유

"적을 통해 정체성과 체제의 우월성을 확인한다. 적이 없을 때 적을 발명하거나 창조한다. 적을 악마화함으로써 자신의 존재를 드러낸다." 움베르토 에코는 이를 '적 발명하기'로 명명한다. 여기서 적은 실제의 적이 아니라 발명되고 조작된 적이다. 그들은 생존을 위협하지 않는다. 누가 왜 적을 만들까? 차이를 용납할 수 없을 때 적을 만든다. 타자를 악마로 만들어 자신을 정당화한다. 이런 사람들은 대부분 자신감이 없는 자들이다.

에코는 「적 발명하기」란 글의 마지막을 사르트르의 단막극 「출구 없는 방」에 대한 언급으로 끝낸다. 이 작품에는 창문도 거울도 없이 밀폐된 방에 갇힌 세 명의 죽은 자들이 등장한다. 고문하는 자가 없는데도 끊임없이 고문을 당하고 있다고 느낀다. 그들은 거울 대신 타자의 얼굴을 보고 서로를 증오한다. 타자의 존재 자체가 견딜 수 없는 지옥이었던 것이다.

오민석의 중앙일보 칼럼 「적을 발명하는 사회」에 나오는 내용이다.

적을 사랑해야 하는 이유

흔히 세상에 온통 나를 힘들게 하는 사람뿐이라며, 나를 잡아먹지 못해 애쓰는 사람뿐이라면서 한탄하는 사람이 있다. 반은 맞고 반은 틀렸다. 사실은 나를 힘들게 하는 사람 덕분에 사람은 성장한다. 내 결점을 말해주기 때문이다.

나를 힘들게 하는 사람이 사실은 귀인이다. 단기적으로는 그 사람 때문에 힘들었지만 그 사람을 견디기 위해 노력하고 변화하기 위해 애쓰면서 조금씩 나은 사람이 된다. 만약 주변에 온통 나를 떠받들고 오냐오냐하는 사람만 있다면 나는 정체될 것이다.

전문가들이 탁상공론에 빠지는 이유

젠몬빠가(?)란 말이 있다. 전문가 바보란 말이다. 그들은 협소한 지식으로 세상을 재단해서 바라본다. 자신들이 옳다고 철석같이 믿는다. 물론 자기 분야에 대한 지식만 있어도 당장 먹고사는 데 문제는 없다. 하지만 위로 올라가면 한계에 부딪힌다. 조직에 비전을 제시하기 위해선 세상에 대한 통찰이 필수적이고 부하직원을 다스리고 거래처와 파트너십을 다지려면 사람의 마음을 얻는 능력이 필수적이다. 이런 능력은 세상일에 두루두루 관심을 가질 때 키울 수 있다. 교양의 힘이다.

저학년일수록 전공에만 매달리지 말고 철학, 역사, 문학, 순수과학 등 다양한 과목을 공부하며 세상을 보는 시선을 넓히는 훈련을 해야 한다. 책상에만 있지 말고 현장에 나가 경험을 쌓아야 한다. 이를 위해 매일 한 가지 새로운 일을 해본다. 어찌 보면 사소한 일이다. 가게의 진열을 바꾼다든지, 낮에 신입사원과 식사를 해본다든지, 평소와 다른 길로 출근한다든지, 한 번도 가본 적 없는 가게에서 식사해보는 것이다. 이런 사소한 시도가 꽤 도움이 된다. 낯선 분야의 책을 읽는다거나, 전공이 다른 연구자와 얘기를 나누거나, 연구실을 나와 현장의 종사자를 만나는 것도 방법이다.

전쟁을 하는 이유 1

인간은 왜 전쟁하는 것일까? 우선 영토 확장 욕구가 가장 크다. 다음은 종교전쟁이다. 신교와 구교 간에 벌어진 전쟁 등이 그렇다. 이외에도 왕위 계승을 두고 벌어지는 전쟁, 자원을 둘러싼 전쟁, 독립전쟁 등이 있다. 경제전쟁도 있다. 아편전쟁이 대표적이다. 아편을 통해 돈을 벌려는 영국과 이를 막으려는 중국 사이의 갈등이 전쟁으로 번진 것이다.

여기서 주목할 것은 불황으로 인한 전쟁이다. 오래 지속되는 불황은 전쟁의 씨앗이 될 수 있다. 소득불평등이 심하면 불황이 닥칠 가능성이 크다. 지도자는 장기 불황 타개의 방법으로 전쟁을 택한다. 독일은 제1차 세계대전의 패배로 연합군에게 막대한 배상금을 물어야 했는데 거기에 불만이 많았다. 그것을 활용해 히틀러가 등장해 일으킨 것이 제2차 세계대전이다. 자국에서 벌어지는 전쟁은 비극이지만 다른 나라에서 벌어지는 전쟁은 경제적으로 큰 이익을 준다.

일본은 패전 후 불황에 시달렸지만 한국전쟁으로 일어섰다. 우리 역시 베트남 전쟁으로 특수를 누렸다. 전쟁은 경제에 보탬이 된다. 파괴된 것을 복구하기 위해 여러 물품에 대한 수요가 발생하고 이를 공급하기 위해 공장을 돌려야 하고 인력을 채용

해야 한다. 미국이 강국이 된 이유 중 하나도 두 차례에 걸친 전쟁 덕분이다. 전쟁에 개입하지는 않고 물자를 공급하면서 부자가 된 것이다. 전쟁하면 인적 손실이 불가피하다. 노동력이 줄어 직업을 구하기가 쉽고 임금이 오르면서 사람의 가치가 커진다.

전쟁하면 기술개발의 필요성도 커진다. 전자레인지, 레이더, 제트비행기, 인터넷, 우주통신, 원자력발전 기술 등은 전쟁을 하면서 개발한 기술을 활용한 것들이다. 인터넷도 1969년 미 국방성이 내부의 컴퓨터를 연결해 정보를 교환하는 목적으로 만든 아파넷이 시초였다. 전쟁은 자사의 상품을 크게 보급하는 기회가 된다. 영국의 버버리는 참호전 때 군인들에게 지급되면서 성장했고, 콜라, 담배, 커피 등은 군인들의 필수품이 되면서 성장했다. 19세기 독일의 철강왕 알프레드 크루프는 철강으로 대포를 만들어 독일-프랑스 전투에서 큰 위력을 발하면서 성장했다.

윤원호의 『자본주의 이야기』에 나오는 내용이다.

전쟁을 하는 이유 2

미국은 전쟁이 돈벌이가 된다는 사실을 깨달았다. 제1차 세계대전이 발발한 지 1년 후 미국은 4억 9,000만 킬로그램의 밀을 수출했는데 1년 뒤에는 26억 7,000만 킬로그램이 팔려나갔다. 전쟁이 지속되고 유럽의 농부들이 징집돼 전장으로 떠나는 바람에 미국의 농산물 수출은 계속 늘어났다.

전쟁 덕분에 미국의 농가는 대형화, 기계화라는 반사이익을 누렸다. 말이 징집되는 바람에 트랙터를 사들여 밭을 갈고 포드 모델 T를 구입해 나들이용으로 사용했다. 영국은 전쟁물자로 30억 달러를 지출했다. 프랑스도 비슷했다. 총, 대포, 군함, 비행기 등 무기류는 물론 참호선을 뒤덮은 철조망과 쇠고기, 차량, 의족까지 모조리 유럽으로 갔다. 미국이 연합국에 공급한 무기와 물자 대금은 한 세대 전의 세계 경제 총생산과 맞먹는 규모였다. 중소기업 듀폰은 화약의 40퍼센트를 공급하면서 세계 최대 화학업체가 되었다. 4년 동안 수출이 26배 늘었다.

서반구에서 전쟁으로 이익을 본 유일한 나라가 미국이다. 제1차 세계대전과 제2차 세계대전은 별도의 전쟁이 아니다. 연장선상에 있다. 프로이센-프랑스 전쟁에서 진 프랑스는 막대한 배상금을 물어야 했고 독일에 대한 적대감이 높았다. 제1차 세계대전을 통해 프랑스는 그 복수를 했다. 알자스-로렌 지방을 되찾고 루르까지 점령하고 엄청난 배상금을 물렸다. 이로 인해 독일은 초인플레이션을 겪고 고통에 시달리다 히틀러란 괴물을 탄생시킨 것이다. 물고 물리는 악연의 연속이었다.

절망하는 이유

지금 못산다고 영원히 그럴까? 지금 잘산다고 그 사람이 죽을 때까지 자자손손 잘살 수 있을까? 그렇지 않다. 부는 삼대를 가지 못한다는 부불삼대란 말이 왜 나왔겠는가? 근데 대부분의 사람은 미래를 지금 자신의 처지에 비추어 미리 계산한다. 절대 그렇지 않다. 나는 말년에 내가 이렇게 풍요로울 것으로 생각을 못했다. 아니, 상상조차 하지 못 했다. 만약 이런 풍요가 나를 기다린다는 계산을 했다면 자녀를 몇 명 더 낳았을 것 같다. 내 패착 중 하나다. 세이노도 나와 비슷한 생각을 하는 것 같아 반가웠다. 그의 말을 조금 인용한다.

"아무도 모르는 자기 미래를 왜 미리 계산해 절망하는가? 부자가 되려면 미래 방정식에 지금의 처지를 대입하면 절대 안 된다. 그렇게 절망적이었던 내가 부자로 살 것이라고는 누구도 생각하지 못한 일이다. 흔히 이야기하듯 사람 팔자 시간문제다. 미래를 미리 계산하여 절망하는 어리석음을 버리고 그저 이 순간부터 미래 언젠가에 무슨 일인가가 새로 일어날 수 있도록 책을 읽고 지식을 축적하라. 절대로 '내가 이걸 배워서 어디다 써먹겠어? 내가 이렇게 한다고 해서 무슨 소용이 있겠어?' 하는 따위의 생각은 추호도 갖지 말라. 단, 조건이 있다. 뭘 배우든지, 뭘 하든지, 미친 듯이 피를 토하는 마음으로 제대로 해라. 그렇게 할 때 비로소 미래는 그 암흑의 빗장을 서서히 열어주기 시작할 것이다. 조만간 빗장 너머에서 비치는 강렬한 태양빛 아래에서 당신은 감격의 눈물을 흘리게 될 것이다."

젊을 때 공부를 해야 하는 이유

부모와 자식 간에 가장 큰 갈등은 공부에 대한 견해차다. 세상을 살아본 부모는 공부가 얼마나 중요한지 알지만, 아직 세상을 경험하지 못한 어린 자녀는 그 중요성을 알지 못한다. 그럴 때는 공부를 해야 하는 이유보다는 공부하지 않으면 어떤 일이 일어나는지를 상상하는 게 효과적이다.

"공부하지 않으면 추울 때는 추운 곳에서, 더울 때는 더운 곳에서 일해야 한다." 개그맨 박명수의 주장인데 호소력이 있다. 내가 생각하는 이유는 좀 다르다. 공부를 잘해 좋은 대학을 나오면 그 자체가 패스포트 역할을 한다. 취직할 때, 결혼할 때, 남에게 자신을 소개할 때 비용이 들지 않는다. 근데 공부를 제대로 하지 않으면 어떠한가? 사사건건 나 자신이 어떤 사람인지를 소개해야 한다. 또 거기서 만난 우수한 친구들도 좋은 자산이 된다. 자연스럽게 생태계가 조성되고 선의의 경쟁을 하면서 성장할 수 있다. 내가 생각하는 출신이란 '한 번 입으면 절대 벗을 수 없는 옷'과 같다. 물론 좋은 학교를 나왔다고 다 잘되는 건 아니다. 제대로 된 학교를 안 나왔다고 다 안 되는 것도 아니다. 하지만 확률적으로 좋은 대학과 그 사람의 커리어 혹은 수입과는 밀접한 관계가 있다.

좋은 대학을 나오면 당연히 좋은 직장에 들어갈 확률이 높다. 결혼에도 절대적으로 유리하다. 이직을 할 때도, 유학을 갈 때도 모든 면에서 유리하다. 젊음은 방황이다. 왜 공부를 해야 하는지 모르기 때문에 공부를 하지 않을 수 있다. 근데 젊어서 공부를 하지 않으면 너무 큰 비용을 치러야 한다. 평생 그 일로 차별을 받고 억울한 마음을 갖고 살아야 할지도 모른다. 젊어서 바짝 공부하고 나머지 삶을 우아하게 살 것인지, 반대로 젊어서 어영부영하다가 나머지 삶을 긴장하면서 살 것인지? 당신이 결정하라.

정신질환이 생기는 이유

20세기에는 암이 큰 병이었지만 21세기에는 정신질환이 큰 병이다. 정신질환은 정신이 쉬지 못해 오는 병이다. 왜 쉬지 못하는가? 삶이 그만큼 복잡다단하고 변화무쌍하기 때문이다. 나름의 최선을 다해 살지만 삶은 좀처럼 나아지지 않는다. 최선을 다할수록 고갈되는 느낌이고 결국에는 번아웃 상태가 되며 우울증이나 무기력증을 겪게 된다. 신선이 되는 도가의 수행법에는 암흑 동굴이 반드시 필요하다. 도사 수련이 아니라 해도 평상시에도 밤이 되면 어두컴컴하게 있는 것이 좋다. 너무 환하면 혼백이 쉬지 못하기 때문이다. 쉰다는 것은 곧 어두컴컴함 속에 존재하는 것이다. 저녁에 불을 켜지 않고 컴컴하게 있는 것은 양생법의 하나다.

조용헌의 저서 『조용헌의 도사열전』에 나오는 내용이다.

정직해야 하는 이유

이한영이란 분의 강연에서 들은 얘기다. 딸이 F 학점을 받았다. 아버지는 딸을 위해 식사를 하면서 펠리브레이션을 외쳤다. 딸은 그 말이 무슨 뜻인지 물었다. 축하를 뜻하는 셀리브레이션

celebration에서 C 대신 F를 붙여 만든 말이라고 했다. 그제야 딸은 자초지종을 얘기했다. 다들 커닝페이퍼를 공유해 시험을 보는데 자신은 그러기 싫어 아는 대로 썼더니 이렇게 됐다는 것이었다. 아버지는 훌륭하다며 시험을 못 본 딸을 칭찬했다.

시간이 지난 후 딸은 '펠리브레이션'이란 제목의 에세이를 써서 명문대에 지원했다. 자신의 스토리를 솔직하게 쓴 에세이였다. 아직 실력은 충분치 못하지만 정직한 건 장담할 수 있다. 만약 합격을 시켜준다면 열심히 하겠다는 내용이다. 결과는 합격이었다. 짧지만 강력한 스토리였다. 정직의 중요성을 단순히 강조하는 걸 넘어 자기 생활에 적용한 살아 있는 얘기다. 그게 스토리의 힘이다.

조선이 500년을 유지한 이유

기록 정신 덕분이다. 펜은 칼보다 강하다. 1997년 『라이프』는 2,000년간 100대 사건을 꼽았다. 커피 발견, 에테르 발견, 프랑스혁명, 산업혁명 등이 나왔다. 에테르가 나오기 전에는 수술할 때 포도주를 먹게 했다. 깨어나면 엄청 아팠는데 그때 위스키를 먹었다. 수술은 죽음이었지만 에테르 덕분에 사람들은 고통에서 벗어났다.

　1등은 뭐라고 생각하는가? 바로 금속활자의 발명이다. 『조선왕조실록』은 태조부터 철종까지 472년간 역사적 사실을 기록한 책이다. 이를 기록한 사람은 정9품에서 7품이니까 지금의 사무관급이다. 그들은 퇴근 전 그날 일어난 일을 기록했는데 이를 사초라 한다. 마음에 안 드는 내용은 집에서 작성했는데 이를 가장 사초라 한다. 『당서』와 『송서』도 역사책이지만 300년 후에 작성했으니 왜곡이 많았다. 『조선왕조실록』은 왕 사망 후 한 달 이내에 편찬 작업을 해야 했다. 실록편찬위원회가 확인한 후 4부를 만들었다. 근데 왜 인쇄를 했을까? 한자는 한 자만 더 써도 내용이 완전히 달라진다. 일관성을 유지하는 방법이었다. 세종은 태종의 것을 보고 싶었다. 워낙 많은 사람을 죽였기 때문이다. 처족을 몰살했고 형제들을 죽였다. 근데 볼 수 없었다. 황희 때문이었다. 황희가 보지 못하게 했고 '실록을 보지 말라'는 교지까지 부탁했다. 그 덕분에 이후 472년간 아무도 실록을 볼 수 없었다.

존경에 노력이 필요한 이유

재벌 2세라는 이유로 젊은 나이에 경영자가 되는 경우가 자주 있다. 그럴 수 있다고 생각한다. 부모 입장에서 모르는 사람보다는 자식을 믿을 수 있기 때문에 차기 경영자로 자식을 지명하는 걸 뭐라 할 수는 없다. 하지만 경영자로서 존경을 받는 건 다른 문제다. 존경을 받고 인정을 받기 위해서는 그에 걸맞은 노력이 필요하다. 존경은 후천적 노력의 결과로 얻을 수 있다. 아무것도 하지 않고 단지 주식이 많다는 이유만으로는 직원들의 존경을 살 수 없다. 아니, 쉽게 경영자가 되었기 때문에 더 노력을 해야만 존경을 얻을 수 있다.

부모로서 받는 존경도 비슷하다. 부모라는 이유로, 너를 낳았고 키웠다는 이유로 자식에게 존경을 받을 수는 없다. 부모 중에는 경멸을 받는 부모도 있다. 부모로서 존경을 받기 위해서는 그에 걸맞은 노력을 해야 한다. 존경은 공짜가 아니다. 요구할 수도, 강요할 수도 없다. 존경은 요구할수록 존경과는 거리가 멀어진다. 존경은 철저하게 노력하고 성과를 내고 그 결과물로 얻어지는 것이다. 존경은 획득하는 것이다.

주인에겐 월요병이 없는 이유

사상 최고로 긴 연휴를 맞이하여 수많은 사람이 해외로 나간다. 일로부터 벗어나 맘껏 놀고 싶은 직장인들이 그만큼 많은 것이다. 여러분에게 일이란 무엇인가? 많은 사람이 일에서 해방되길 바란다. 자유롭게 하고 싶은 일을 하면서 살고 싶어한다. 근데 일로부터의 해방이란 무슨 의미일까? 보통은 지긋지긋한 일에서 벗어나는 걸 생각한다. 주중이 괴롭고 주말을 위해 일하는 사람이 여기에 해당한다. 그들은 월요병에 시달린다.

일로부터 해방의 또 다른 의미는 무엇일까? 내가 일의 주인이 되는 것이다. 광복절을 생각하면 쉽게 이해할 수 있다. 광복절은 일본에 빼앗겼던 나라를 다시 찾아 우리가 주인이 된 날이다. 일에서도 광복절이 필요하다. 그동안 일의 주인이 아니었던 사람이 진정한 일의 주인으로 거듭나는 것이다. 처음부터 일의 주인이 되기는 어렵다. 일의 주인이 되면 몰입할 수 있고, 몰입하면 행복하다. 몰입은 일에 대한 주인정신이기 때문이다. 국민대학교 고현숙 교수의 주장이다. 당신은 일의 주인인가? 주인에겐 월요병이 없다.

주인정신을 갖기가 힘든 이유

CEO들은 직원들에게 주인의식을 가장 강조한다. 내 회사처럼 생각하고 과감하게 도전하라는 것이다. 근데 그런 말이 직원들에게 잘 먹히지 않는다. 왜 그럴까? 손실 회피loss aversion 경향 때문이다. 사람들은 얻은 것의 가치보다 잃어버린 것의 가치를 더 크게 평가한다. 이 일을 하면 1만 원을 얻는다고 하는 것보다 잘 못하면 1만 원을 잃을 수 있다고 할 때 더 흔들린다. 도전하는 것도 좋지만 자칫 잘못돼서 뭔가를 잃는 것이 두렵기 때문이다. 주인정신을 강조하기 전에 질문을 던지는 게 필요하다. 주인정신을 가져서 얻을 수 있는 것과 잃을 수 있는 게 무엇일까? 주인정신을 가지면 주인에게 잘 보여서 얻을 것도 있지만 잃는 것도 있다. 대표적인 게 동료의 눈치다. 주인도 아닌 게 주인처럼 행세한다는 눈총을 받을 수 있다.

지는 리더가 이기는 이유

똑똑한 상사, 모르는 게 없는 상사, 답정남(답이 정해진 남자) 같은 상사는 좋은 상사가 아니다. 그런 상사 앞에서 직원은 늘 작아진다. 자신이 아무것도 아니란 생각을 하게 된다. 아이디어는 사라지고 아이디어가 있어도 얘기를 꺼리게 된다. 당연히 조직은 리더만 바쁘고 직원은 한가한 조직이 된다. 어떻게 하면 좋을까? 직원들에게 숨쉴 공간, 편안한 분위기를 만들어줄 수 있어야 한다.

어떻게 하면 될까? 알아도 모르는 척해야 한다. 지시 대신 질문을 할 수 있어야 한다. 질책 대신 설명이나 부탁을 할 수 있어야 한다. 자기 의견 대신 직원 의견을 먼저 물어야 한다. 상사 의견은 지시의 다른 형태이기 때문이다. 자신의 잘못을 시인할 수 있어야 한다. 내가 거기까진 미처 생각하지 못했다고 고백할 수 있어야 한다. 직원 얘기를 열심히 듣고 그것을 요약해 다시 물어볼 수 있어야 한다. 모르는 것은 솔직하게 모른다고 인정할 수 있어야 한다. 상사가 하는 말에 직원이 "그거 아닌데요. 제 생각은 다릅니다."라고 반문할 수 있어야 한다. 리더가 틀린 걸 쉽게 받아들이면 조직이 틀릴 가능성이 줄어든다. 반대로 리더가 틀린 걸 받아들이지 않으면 시장에서 리더가 틀렸다는 것을 증명해줄 것이고 그 비용은 엄청날 것이다. 부하에게 지는 리더가 사실 이기는 리더다. 부하에게 이기고 시장에서 장렬하게 전사한 수많은 리더가 그걸 증명한다.

진도를 팍팍 나가야 하는 이유

한 단원을 완벽하게 한 후 다음 단원으로 나가야 할까? 아니면 조금 부실해도 다음 단계로 나가는 것이 유리할까? 당연히 후자다. 근데 완벽을 기한다면서 맨날 복습만 하는 사람이 있다. 완벽하게 한 가지를 하지 않으면 다음 단계로 진입하지 못한다. 맨날 찬밥만 먹느라 뜨거운 밥을 먹지 못하는 사람이다. 진도도 나가지 않고 발전도 못 하면서 평생 찬밥만 먹을 가능성이 크다. 무조건 전진하라. 일정 시간 후 되돌아보라. 나도 모르는 사이에 크게 실력이 나아진 걸 발견하게 될 것이다.

진상과 호구가 공존하는 이유

진상은 호구가 만든다. 호구가 없으면 진상도 없고 호구가 있을 때 진상이 나타난다. 근데 누가 진상 짓을 할까? 차상위 호구다. 잘난 사람은 절대 진상 짓을 하지 않는다. 그들은 호구에 관심이 없고 그런 짓을 할 동기도 이유도 시간도 없다. 유색인종을 괴롭히는 사람은 백인 중 가장 못난 백인이다. 당신이 누군가를 호구란 이유로 괴롭히고 있다면 당신 역시 호구일 가능성이 높다. 왕따도 비슷하다. 내가 생각하는 왕따는 못난 놈이 자기보다 더 못난 놈이라고 생각하는 자를 못살게 굴면서 상대적 우월감을 느끼는 행위다.

진상이 되는 이유

갑과 을이 따로 있지 않다. 갑이 을이 되고 을이 갑이 된다. 을로서 설움을 많이 받은 사람일수록 갑질을 많이 한다. 진상 고객이 되는 이유 중 하나는 가슴에 맺힌 것이 많기 때문일 것이다. 그들이 진상 짓을 하는 것은 종로에서 뺨 맞고 한강에서 화풀이하는 격이다. 갑질을 하는 사람들이 가장 많이 쓰는 말은 "너, 내가 누군지 알아?"이다. 자신이 누구인가를 왜 가게 주인에게 묻는가? 자신이 누군지도 모르는 사람들이기 때문이다. 자신의 찌질함을 만천하에 공개하는 것이다.

다음으로 많이 쓰는 말은 "너 몇 살이야?"이다. 그런 사람들은 모두 요양원에 보내 자신보다 나이 많은 노인들과 나이 대결을 벌이게 해야 한다. 나이 많은 건 절대 자랑이 아니다. 나이를 먹는 데 노력이 필요한 건 아니기 때문이다.

진주만 기습의 숨은 이유

일본이 진주만을 기습한 데는 여러 이유가 있지만 그중 하나는 석유 때문이다. 일본의 중국 침략, 독일과의 삼국동맹을 견제하기 위해 미국과 영국과 네덜란드는 일본에 대한 경제제재에 돌입했다. 그 수단 중 하나로 일본에 석유 공급을 중지했다. 지금의 경제제재와 비슷한 걸 일본을 대상으로 실행한 것이었다. 석유 한 방울 나지 않는 일본에 석유 공급 중지는 엄청난 타격이다. 절체절명의 위기가 닥쳤고 일본은 이를 타개하는 방법으로 전쟁을 결정한다.

가장 먼저 인도네시아와 보르네오 제도에서 네덜란드가 운영하는 유전을 노렸다. 네덜란드는 후퇴하면서 생산시설을 파괴했다. 또 미 해군 잠수함의 공격으로 원유를 일본으로 수송할 수도 없었다. 미국 잠수함은 태평양 전쟁에서 일본으로 향하는 유조선을 철저하게 부쉈다. 1944년 말부터 남방 점령지로부터 석유 반입이 거의 끊어졌다. 1941년 2년 치밖에 없었던 일본은 극심한 석유 부족에 시달렸다. 미국이 승리한 원인은 무기, 돈, 석유였다. 공업구조를 무기 생산 체제로 바꾸면서 승기를 잡았다. 1941년에 발효된 「무기대여법」으로 이전에는 현금으로만 거래했지만 이 법을 근거로 연합국에 지원한 무기, 식량, 석유는 501억 달러

에 이른다. 두 차례 세계대전을 경험하면서 석유 없이는 아무것
도 할 수 없다는 사실을 절감했다.

질투가 위험한 이유

질투는 부정적 감정이다. 정치인은 표를 얻기 위해 질투심을
묘하게 악용한다. 부자 때문에 우리가 가난해졌다는 식으로 홍보
한다. 속아서는 안 된다. 부자를 가난하게 만든다고 가난한 사람
이 부자가 되는 것은 아니다. 모두 가난해질 뿐이다. 불경에 이런
얘기가 나온다. 히말라야에 공명조란 새가 살았다. 공명조는 몸
은 하나인데 머리가 둘이었다. 어느 날 한쪽 머리가 다른 쪽이 자
는 사이 맛있는 과일을 혼자 먹었다. 잠에서 깬 후 이 사실을 알
아차린 다른 머리가 시샘했다. 화가 나 독이 든 과일을 먹겠다고
협박하다 정말 독이 든 과일을 먹고 둘 다 죽고 말았다.

소설가 박형경은 질투를 '사랑받는 자로서 자신감 없음'이라
고 정의한다. 질투는 낮은 자부심과 스스로 부족하다는 느낌에
서 생긴다. 질투의 가장 좋은 해독제는 자신을 좋아하는 것이다.

책을 쓰는 이유

"책을 쓰다 보면 내가 무엇을 알고 무엇을 모르는지가 명확히 드러난다. 그래서 나는 무언가를 제대로 알고 싶을 때 책을 쓴다. 집필 과정에서 나 또한 배워간다. 책을 쓰고 나면 학생들에게 내가 새롭게 이해한 부분에 관해 설명해주고 싶어 몸이 근질거린다."

예일대학교 물리학과 라마무르티 상커 교수가 한 말이다.

책을 읽어야 하는 이유

"좋은 책은 세월이 결정한다. 읽을 때마다 새롭게 배울 수 있는 책, 잠든 내 영혼을 깨워 삶의 의미와 기쁨을 안겨주는 그런 책은 수명이 길다. 이 산중에 책과 차가 없으면 무슨 재미로 살까 싶다. 책이 있어 말벗도 되고 때로는 길을 인도하는 스승이 되어준다. 사람은 책을 읽어야 생각이 깊어진다. 좋은 책을 읽으면 내 영혼에 불이 켜진다. 읽은 책을 통해 사람이 달라진다."

법정 스님이 한 말이다.

"직장생활의 허무함으로 재테크로 눈을 돌렸고 그러면서 독서를 시작했다. 1년이 지났을 때 역설적으로 내가 발 딛고 있는 곳을 더 나은 조직으로 만들겠다는 미션을 갖게 되었다. 회사에서 도망치려고 마음을 먹을수록 회사에 있는 시간이 의미가 없다고 느껴졌다. 그런 마음이 들수록 내 마음은 더 지옥이 되어 갔다. 일과 삶을 구분 짓는 워라밸, 이분법적 사고가 삶의 만족도를 떨어뜨렸다. 책을 읽으며 생긴 변화 중 하나는 이분법적 사고를 인식하게 된 것이다. 많은 사람처럼 나도 돈과 행복은 동시에 추구할 수 없고 일과 삶을 동시에 만족시킬 수는 없다고 믿었다. 하나를 위해서는 다른 하나를 포기해야 한다고 믿었다. 이분법적 사고였다. 지금도 이분법적 사고를 하지 않는 것은 아니다.

하지만 '내가 이분법적으로 생각하고 있는 건 아닐까?'라고 인식할 수 있게 되었다. 그 과정에서 돈과 행복을 동시에 추구할 수 있고, 일과 삶을 동시에 만족시키는 것이 가능하다고 생각하게 되었다. 결국 나는 투자에 대한 관심은 유지한 채 직장에서의 미션을 세웠다. 내가 발 딛고 있는 곳을 더 나은 곳으로 만드는 노력을 하게 되었다. 그 과정에서 하나하나 실행하고 피드백을 받으며 성취감, 보람, 행복감을 느낄 수 있다고 믿게 되었다."

휴레이포지티브 인사담당자 방성환이 한 말이다.

천국 타령을 하는 이유

이승이 지옥이기 때문이다.

천재가 요절하는 이유

왜 천재는 요절할까? 자신의 재능을 지나치게 많이 써서 그렇게 된 것이 아닐까? 어느 분야에나 해결사 혹은 만병통치약 같은 존재가 있다. 그들은 처음엔 탁월하다는 평판을 듣지만 얼마 지나지 않아 평범하다는 소리를 듣는다. 그렇게 되지 않으려면 능력을 지나치게 드러내서는 안 된다. 충분한 능력을 갖추되 적당히 보여주어야 한다. 횃불이 밝을수록 기름은 빠르게 소모되어 쉽게 꺼진다. 광이불요光而不耀란 말이 있다. 빛나되 번쩍이지 말라는 것이다. 배터리는 늘 용량이 제한적이다. 너무 초반에 많이 쓰면 배터리가 떨어져 조만간 사용할 수 없는 시기가 온다.

요즘 같은 장수 시대에는 에너지 절약형 인간이 되어야 한다. 빛이 필요 없을 때는 뇌를 절전형으로 바꾸어야 한다. 초반부터 너무 번쩍이는 건 좋지 않다. 천재가 요절하는 이유도 이 때문일 것이다. 사관생도 시절 수석 졸업자 중 장군이 된 사람이 많지 않은 것도 비슷한 이유 때문일 것이다.

천하태평 리더가 위험한 이유

문제가 없는 조직이 있을까? 문제가 없는 개인이 있을까? 만약 문제가 없다고 생각한다면 그게 가장 큰 문제다. 문제가 정말 없는 것일까? 아니다. 사실 문제가 없는 게 아니라 문제가 있는데 그 문제를 인지하지 못하는 것이다. 그게 가장 큰 문제다. 리더는 누구인가? 리더는 남보다 앞서 문제를 인식하고 위기의식을 불어넣는 사람이다. 남들은 이만하면 됐다고 생각하고 샴페인을 터뜨리자고 할 때 이를 만류하는 사람이다. 우울憂鬱의 우憂는 머리 혈頁+마음 심心+천천히 걸을 쇠夊다. 걱정으로 잠을 못 자고 머리를 내린 채 왔다 갔다 하는 형상이다. 거기에 사람 인亻변을 붙이면 우수할 우優가 된다. 자꾸 고민하고 궁리하면서 우수한 사람이 된다는 뜻일 것이다. 아무 걱정 없는 천하태평인 얼굴로 돈을 펑펑 쓰는 지도자를 보면서 미래 일이 걱정되는 건 나뿐일까?

최종 판결이 보통 사람들 입맛에 맞지 않는 이유

헌법 질서에 내재한 인본주의와 공리주의가 형벌에 대해 필요 최소한의 관점으로 접근할 것을 요구하기 때문이다. 법이 인간 사이에 필요한 최소한의 선의라면, 형벌은 사회 운영에 필요한 최소한의 악의다. 따라서 법치주의 시스템은 필연적으로 국민의 법 감정과 충돌할 수밖에 없다.

문유석의 저서 『최소한의 선의』에 나오는 내용이다.

축적이 필요한 이유

히사이시 조는 일본 최고의 작곡가다. 1984년부터 40편이 넘는 영화의 음악감독을 맡았고 17장이 넘는 솔로 앨범을 발표한 일본의 대표적인 대중 음악가다. 2005년 「웰컴투 동막골」의 주제곡을 작곡해 대한민국 영화대상 음악상을 수상하기도 했다. 그는 늘 축적의 중요성을 강조한다. 다음은 그가 한 말이다.

"창조는 축적의 결과물이다. 작곡을 위해서는 논리적 사고와 감각적 직감이 모두 필요하다. 감성의 95퍼센트는 이런 축적의 결과물이다. 실제 곡을 만들 때는 과거의 경험과 지식, 지금까지 들은 음악, 작곡가로서 체득한 방법, 사고방식 등 모든 것이 총동원된다. 여러 형태로 내 안에 축적된 것들이 있기 때문에 지금 같은 창작활동을 할 수 있다. 감성을 연마한다는 것은 결국 직감을 단련하는 것이고 직감을 위해서는 경험의 축적이 필요하다. 얼마나 많이 보고 많이 듣고 많이 읽었느냐가 관건이다. 지식과 경험이 가장 중요하다."

하루아침에 깜짝 놀랄 만한 뭔가를 만들어내는 건 불가능하다. 놀랄 만한 그 무엇을 내놓기 위해서는 엄청난 양의 지식과 경험의 축적이 필요한 법이다. 난 무엇을 축적하고 있을까? 혹시 축적 대신 방전하고 있는 건 아닐까?

취약점을 드러내야 하는 이유

취약점은 드러내야 한다. 모르는 건 모른다고 해야 하고, 실수는 실수라고 인정하고 공개해야 한다. 부족하다고 느끼는 점은 서로 이야기할 수 있어야 한다. 그래야 정확한 해결점을 찾을 수 있고 개선할 수 있다. 수치심과 취약성을 연구하는 심리학자 브레네 브라운은 다음과 같이 말했다. "취약성이 바로 창의성, 변화, 혁신이 탄생하는 지점이다. 창조한다는 것은 이전에 존재하지 않았던 무언가를 만드는 것이다. 그보다 취약한 것은 있을 수 없다."

많은 기업이 개선, 변화, 혁신을 얘기한다. 그러면서도 여전히 실수, 실패, 부족함은 감추기에 급급하다. 민낯도 드러내지 못하면서 어디서부터 변화를 시도하고 혁신을 하겠다는 건지 이해하기 힘들다. 변화는 드러내고 같이 얘기하는 것에서부터 시작된다. 드러내기 위해서는 용기를 가져야 하고, 용기는 취약점을 인정하는 것에서부터 시작된다. "테이커taker는 약점을 드러내면 자신의 지배력과 권위가 약해질까 봐 걱정하는 경향이 있다. 반면 기버giver는 훨씬 더 편안하게 자기 약점을 드러낸다. 그들은 타인을 돕는 데 관심이 있을 뿐, 그들을 힘으로 누르려 하지 않는다. 따라서 자기 갑옷의 빈틈을 보여주는 걸 두려워하지 않는다. 이들은 스스로 약점을 드러냄으로써 결국 명망을 쌓는 셈이다." 애덤 그랜트의 저서 『기브 앤 테이크』에 나온 말이다.

"많은 기업이 쉽사리 취약점을 인정하고 용기 내어 드러내지 못하는 이유는 지배력과 권위를 잃는 것은 아닐까 하는 두려움 때문이다. 그렇지만 역설적이게도 취약점은 숨기면 숨길수록 더 취약해지고 받아들이고 드러내면 오히려 강해진다. 완벽해 보이는 사람이 드러내는 허점은 그를 더 완벽하게 만들고, 강해 보이는 사람이 보이는 약점은 그를 더 강하게 만든다. 훌륭한 리더가 되고 싶은가? 최고의 조직을 만들고 싶은가? 그럼 취약점을 먼저 인정하고 드러내라. 그러면 저절로 권위도 따라오고 신뢰도 얻을 수 있다. 신뢰를 얻으면 직원들의 솔직한 피드백을 들을 수 있고 안고 있던 문제도 해결될 수 있다. 변화와 혁신은 그렇게 시작된다."

김자옥 작가가 한 말이다.

칙령을 철회한 이유

헨리 3세 시대에 일부 귀족들이 황금이나 휘황한 보석으로 치장하는 등 사치풍조가 만연했다. 헨리 3세는 국민 담화를 통해 검소한 생활을 할 것을 지시했으나 효과가 없자 칙령 밑에다 '다만 매춘부와 도둑은 이 칙령을 지키지 않아도 된다'는 부칙을 달았다. 사치를 일삼는 자는 매춘부나 도둑과 같다는 말이다. 품위와 인격을 소중히 여기는 영국인에게 자극을 주기 위해서였다. 발표된 다음 날부터 눈에 띄게 복장이 검소해졌다. 그런데 이 칙령은 얼마 안 가 폐지되었다. 헨리 3세의 새 왕비는 프랑스 귀족 출신으로 이를 몰랐고 온갖 보석으로 몸을 휘감고 나타났기 때문이다.

칭찬을 못 하는 이유와 선물을 못 하는 이유

칭찬과 선물을 받아본 적이 없는 사람은 칭찬과 선물을 하지 못한다. 칭찬은 받아본 사람이 잘한다. 선물도 그렇다. 선물을 받아본 사람이 잘하는 법이다. 물론 받고도 못 하는 사람도 있다.

칭찬하는 이유

세상은 달콤한 말로 차고 넘친다. 칭찬을 너무 남발한다. 난 그게 조금 불편하다. SNS 대화의 절반은 칭찬이다. 멋지다, 좋겠다, 부럽다 등등. 24시간 서로가 서로에게 끊임없이 사탕발림을 한다. 입에서 솜사탕을 뽑아낸다. 사람들은 왜 이럴까? 그 칭찬은 진심일까? 절반은 아닐 것이다. 이렇게 상대를 치켜세우는데는 두 가지 이유가 있다. 하나는 자신이 그를 칭찬하고 있다는 것을 당사자에게 알리기 위해서다. 또 다른 하나는 당사자 또한 자신에게 좋게 말해줄 것을 기대하기 때문이다. 칭찬에 목숨을 거는 사람들이 있다. 칭찬을 받기 위해서라면 무슨 일이라도 할 것 같다.

근데 과연 칭찬이 그렇게 가치가 있을까? 난 동의하지 않는다. 칭찬을 받는다고 내가 더 나은 사람이 되는 것은 아니다. 비난도 그렇다. 비난을 받는다고 내가 나쁜 사람이 되는 건 아니다. 나는 나일 뿐이다. 칭찬에 목숨을 건다는 건 '나는 멘탈이 약하다.' '내가 아니라 다른 사람이 내 중심이다.'라는 사실을 세상에 알리는 것이다.

ㅋ, ㅌ, ㅍ

콘텐츠가 필요한 이유

얼굴은 얼꼴에서 유래했다. 정신이란 뜻을 가진 얼과 모양 혹은 담는 그릇이란 뜻의 꼴의 결합이다. 근데 얼이 앞이고 꼴이 뒤다. 정신이 더 중요하단 뜻이다. 아름다운 얼굴을 위해서는 꼴보다 꼴 안에 어떤 생각을 담느냐가 중요하다. 다른 사람 눈에 비친 내 얼굴은 어떨까? 내가 원하는 얼굴은 어떤 얼굴일까? 그 얼굴을 갖기 위해 어떤 노력을 하고 있을까? 아름다운 얼굴을 가지기 위해서는 어떤 생각을 해야 할까? 얼굴에 뭔가를 바르는 것 말고 머리에 어떤 신선한 생각을 집어넣어야 할까?

뭐든 균형이 중요하다. 콘텐츠도 중요하고 콘텐츠를 담는 컨테이너도 중요하다. 근데 대부분 우리는 컨테이너에 지나치게 신경을 쓴다. 만약 콘텐츠에 조금 신경을 쓴다면 훨씬 아름다운 얼굴을 가질 수 있지 않을까? 미래는 외적 미모보다 내적 미모가 더 중요한 시대가 될 것이다.

킷캣이 잘 팔린 이유

초콜릿 웨하스 킷캣은 1930년대 영국 라운트리 제과에서 처음 만들었다. 타깃 고객을 공장 노동자로 정했다. '잠깐 쉬세요, 킷캣과 함께' '영국에서 가장 위대한 소박한 한 끼' 등의 문구로 광고를 했다. 20세기 후반에 전 세계로 퍼졌는데 일본에서는 판매가 부진했다. 근데 특이한 현상이 일어났다. 연말연시가 되면서 규슈 지방에서 판매가 급증한 것이다. 규슈 방언으로 '반드시 이긴다'는 뜻의 키토카츠きっと勝つ와 발음이 비슷해서 일어난 현상이었다. 수험생 선물용으로 수요가 폭발했다. '잠깐 쉬세요. 대신 꼭 합격할 거야.'라고 광고 문구를 바꾸었다. 지금도 킷캣은 일본에서 잘 팔린다.

질리언 테트의 저서 『알고 있다는 착각』에 나오는 내용이다.

토론이 필요한 이유

개그콘서트에 한때 '대화가 필요해'란 코너가 있었다. 가족 간 대화가 필요한 이유를 코믹하게 그려 인기를 끌었다. 근데 대화나 토의는 가족 간에만 필요한 건 아니다. 중요한 사회적 어젠다에 대해서는 심도 있는 토론이 필요하다. 에너지 문제도 그렇고 검수완박 문제도 그렇다. 토론할 때 중요한 건 누구 입장이 가장 중요한지를 생각하는 것이다.

타다를 두고 논의를 할 때 정말 중요한 고객 입장은 빠지고 대신 택시 기사, 택시업자, 정부 입장만 있는 게 정말 아쉬웠다. 요즘 택시 잡기가 힘든 건 토론이 빠진 상태에서 잘못 내린 결정의 결과로 모두 피해당하고 있는 것이다. 토론의 실종은 자의의 남발을 부른다. 남발된 자의는 혼동을 부른다. 목적에 대한 혼동, 역할에 대한 혼동, 서 있는 위치에 대한 혼동이 그것이다.

판을 바꿔야 하는 이유

"전 청주고를 나왔는데 청주고 동기 중 세속적으로 출세한 사람이 셋입니다. 김덕주 전 대법원장, 민음사를 만든 박맹호, 국회의원 남재희가 그렇습니다. 김덕주는 서울의 경동고를 다니다 피난 와서 청주고를 다녔고, 박맹호 사장은 경복고를 다니다 청주고를 다녔고, 저는 청주상업을 마치고 의과대학을 가려고 청주고로 전학했지요. 다들 다른 학교를 다니다 전학을 온 친구들입니다. 왜 전학 온 친구들이 잘됐을까요? 박맹호 사장은 이앙론을 주장합니다. 모는 한 번 옮겨 심어야 벼농사가 잘 된다는 이치입니다."

언론인을 거쳐 국회의원을 지낸 남재희 씨가 쓴 『언론·정치 풍속사』에 나오는 얘기다. 그럴듯하다. 사람이나 벼나 한곳에서만 성장하는 것보다 한 번 옮겨 심으면 훨씬 강해진다. 새로운 곳에서 적응하려고 노력하면서 숨어 있는 잠재력이 드러나기 때문이다. 뭔가 잘 풀리지 않을 때는 판을 바꾸는 것이 방법이다.

패북을 패배로 읽는 이유

중국 역사에서는 남과 북이 싸우면 언제나 남쪽이 진다. 중국의 전쟁사는 언제나 남의 패배와 북의 승리로 점철되어 있다. 기후가 온화하고 물산이 풍부한 남방 사람들이 험난한 풍토에 단련된 북방 사람들을 당하기 어려웠던 것이다. 그래서 싸움에 지는 것을 패배라고 하고 그것을 패북敗北이라고 쓴다. 북에 졌다는 뜻이다. 그런데 유일하게 남방이 북방을 이긴 것이 모택동의 현대 중국이다.

신영복의 저서 『강의』에 나오는 내용이다.

팬더가 움직이지 않는 이유

팬더는 눈이 오면 나무 위에서 며칠이고 꼼짝하지 않는다. 이를 두고 사람들은 여러 가지 얘기를 한다. 게을러 그렇다는 것이 중론이다. 움직이기 싫어하기 때문이라는 것이다. 과연 그럴까? 전문가들의 의견은 다르다. 자식을 보호하기 위해서라고 한다. 엄마 팬더가 눈을 밟으며 굴로 향하면 포식자에게 자식의 위치가 노출되어 위험에 처하기 때문이란다.

남을 함부로 판단하면 안 된다. 내가 나 자신을 모르는데 내가 남의 사정을 다 알 수는 없는 법이다. 다 나름의 사정이 있는 것이다.

평균이 위험한 이유

80대 노인 열 명과 갓 태어난 아이 열 명이 살고 있는 마을의 평균연령은 마흔이다. 건장한 사람들이 가득한 동네 같다. 현실은 완전히 다르다. 평균을 함부로 믿으면 안 되는 이유다. 제리 스터닌은 굶주리는 베트남에서 자원봉사활동을 했다. 짧은 시간 안에 아이들의 영양 상태를 좋게 만드는 것이 임무였다. 그는 동네에 직접 가서 제대로 먹지 못하지만 유난히 발육 상태가 좋은 아이들이 있는지 물어보고 양육 방법을 물었다. 대충 이런 내용이었다. 보통 두 끼를 먹는데 네 번에 나눠 먹인다. 새우나 게 껍질, 고구마 순 등을 갈아서 섞여 먹인다. 아이들은 위가 작아 많이 줘도 제대로 소화하지 못하기 때문에 적게 나눠서 먹이는 게 효과적이다. 또 적절한 단백질 등이 아이들한테 도움이 된다는 것이다.

우리는 예외를 늘 무시하거나 버리는 경향이 있는데 그런 예외를 공부하고 따라 할 필요가 있다. 평균은 그럴듯하지만 아무것도 아닌 경우가 많다. 놀라운 예외가 평균이라는 폭군 때문에 죽고 있는지 모른다. 토드 로즈의 저서 『평균의 종말』을 읽어보면 그런 사실을 절감할 수 있다.

폭탄주를 마시는 이유

최고경영자 과정은 사회에서 소위 성공했다는 사람들은 다 모이는 곳이다. 돈 많은 사람도 많고, 장관 차관 국회의원 등 지위도 내로라하는 사람들뿐이다. 근데 이들의 행태 중에는 이해되지 않는 부분이 많다. 한번은 졸업식 이후 뒤풀이 자리를 같이 한 적이 있었다. 당연히 한 학기를 복습하고 이야기꽃을 피울 줄 알았다. 하지만 웬걸! 황야의 무법자 몇 명이 판을 주도했다. 한 명은 폭탄주를 제조하고, 또 한 명은 이를 유통하고, 또 한 명은 제대로 마시는지 감시하고……. 세상에 이보다 더 역할 분담이 잘 이루어질 수는 없었다. 이 앞에서는 누구도 예외가 될 수 없다. 오로지 주는 대로 마실 뿐이었다.

사람들 표정을 보니 심경이 복잡했다. 즐기는 사람들도 제법 있고 마지못해 따라 마시는 사람들도 있었다. 정말 마시기는 싫지만 괜히 싫은 소리 들을까 봐 눈치를 보는 사람도 있었다. 도저히 안 되겠다면서 탈출을 꿈꾸는 사람도 있었다. 폭탄주의 효용성은 무엇보다 쓸데없는 대화를 제로로 만드는 데 있다. 마치 이 복잡한 세상 무슨 말이 필요하냐는 분위기다. 당연히 복습, 갈등, 심정 피력 같은 것은 없었다. 마치 마약을 흡입하고 모두가 붕 뜬 상태가 된 것 같은 분위기였다.

난 술을 좋아하지만 술 자체가 목적은 아니다. 내게 술은 분위기를 풀어주고 무장해제를 시키는 수단일 뿐이다. 근데 그렇지 않은 사람들이 많다. 이들은 왜 빈속에 폭탄주를 마시는 것일까? 대화를 피하기 위해서다. 아니, 맨정신에 얘기하는 것이 두렵기 때문이다. 자기 자신과 마주하는 것도 두렵고 진정한 다른 사람의 모습을 보는 것도 두렵기 때문이다. 최대한 짧은 시간에 술의 힘을 빌려 그런 자신의 모습을 숨기고 싶기 때문이다.

"나는 40~50대 아저씨들이 제일 무섭다. 말이 통하지 않고, 그들의 얘기를 하염없이 들어줘야 하고, 폭탄주를 같이 먹어야 하기 때문이다." 봉준호 감독의 말이다.

프랑스가 패션 강국인 이유

프랑스는 누구나 인정하는 패션 강국이다. 어떻게 그렇게 되었을까? 역사적 배경이 있는데 주인공 중 한 사람은 루이 14세다. 그는 왕권 강화를 위해 귀족들의 힘을 빼고 싶었다. 그 방법의 하나로 그들을 사치와 향락에 빠지게 했다. 매일 좋은 옷을 입고 파티를 했고 고급 패션이 신분 상승을 하고 좋은 배우자를 만날 수 있는 성공 요인인 것처럼 여론을 만들었다. 그 때문에 사치가 만연했지만 프랑스가 패션 중심지로 자리하는 데 큰 역할을 했다.

근데 패션산업이 프랑스를 중심으로 발전한 것과는 별개로 프랑스가 공중위생 개념을 갖추기까지는 오랜 시간이 걸렸다. 17세기 유럽인들은 목욕하면 피부병이 생기거나 전염병이 옮는다는 믿음 때문에 잘 씻지 않았다. 그런 이유로 몸에서 심한 악취가 났다. 물이 귀한 것도 이유 중 하나일 것이다. 베르사유 궁전도 그랬다. 화려했지만 용변을 위한 시설이 없어 궁전 주변은 악취가 진동했다고 한다. 더러운 오물을 밟지 않기 위해 하이힐을 신었다. 몸에서 나는 악취를 감추기 위해 향수를 뿌렸다. 챙이 넓은 모자와 양산 역시 자외선 차단을 위한 용도가 아니라 건물 밖으로 버려지는 오물을 막기 위한 수단이었다고 한다.

프랑스혁명이 일어난 이유

『레미제라블』 같은 소설의 배경은 음산한 날씨다. 18세기 말 프랑스대혁명의 원인 중 하나는 날씨로 인한 흉년이다. 1775년은 한파와 폭설이 엄청났다. 1784~1785년에는 아이슬란드 라키 화산이 폭발해 화산재로 하늘이 보이지 않았다. 당연히 흉년이 들

수밖에 없었다. 1788년에는 평균 영하의 날씨가 무려 86일에 이르렀다. 예전에는 45일에 불과했다. 농작물의 황폐로 건초가 줄어들었고 건초가 줄어들자 가축을 먹일 수 없어 도살했다. 퇴비가 줄어들어 연작이 불가해지면서 흉년이 계속되었다. 급기야 참지 못한 농민들이 1789년 영주의 저택을 습격했고 브리타니에서, 파리에서 농민 반란이 일어났다.

재정위기에 빠진 루이 16세는 추가과세를 하려 했다가 7월 14일 파리 민중들이 바스티유 감옥을 습격하면서 혁명이 일어난다. 그날은 흐리고 비가 왔다. 한여름이지만 온도가 16.7도였다. 당시 주 프랑스 대사를 지낸 토머스 제퍼슨의 일기다.

케이웨더 예보센터장 반기성이 한 말이다.

학원 뺑뺑이가 위험한 이유

중국에서 환관의 피해는 말로 다 할 수 없었다. 황제는 허수아비였고 재상은 단지 환관의 뜻대로 움직이는 사람에 불과했다. 구사량이란 사람은 심복 환관에게 황제를 조정하는 방법을 다음과 같이 알렸다.

"한가한 시간을 가질 수 없도록 하라. 늘 분주하게 만들어야한다. 황제가 항상 사치와 새로운 것에 대한 호기심에 사로잡히도록 하여 이목을 집중시켜라. 매일 새로운 것을 고안해 황제의 호기심을 자극하라. 다른 것을 생각할 수 없도록 하라. 황제가 독서를 하거나 유자들과 어울려 전대의 역사에 대해 논하는 일이 없도록 주의하라. 황제가 전대의 흥망에 대해 알고 현재를 근심하면 위험하다."

이는 아이들 교육에도 정확하게 적용될 수 있다. 학원을 뺑뺑이 돌리면서 생각할 수 없도록 하라. 절대 책을 읽지 못하게 하라. 책을 읽고 다른 아이들과 나누는 일을 하지 마라. 현재 여러분은 어떤가?

한국이 반도체에 유리한 이유

하루는 박정희 대통령이 청와대로 나를 불러 지한파 일본인 학자를 알아보라고 지시했다. 수소문해 5~6명을 추렸는데 곤노 아키라 교수가 바로 그중 한 사람이었다. 당시 곤노 교수는 한국 경제가 성장하려면 전자산업, 반도체산업을 육성해야 한다고 말했다. 그러면서 일본보다 한국이 반도체 성공에 유리한 이유로 세 가지를 들었다.

우선 첫 번째로 반도체를 만들려면 공기가 깨끗해야 하는데 일본은 태평양에서 소금기가 섞인 바람이 불어오기 때문에 안 된다고 말했다. 두 번째로 일본의 지하수는 상당수가 흙이 섞인 반면 한국은 화강암반수로 물이 일본보다 깨끗하니 유리하다고 말했다. 그러면서 경북 안동에 댐을 만들어 인근에 공단을 조성하라고 구체적으로 제안했다. 마지막 세 번째로 일본인과 중국인이 나무젓가락을 쓰는 것과 달리 한국인은 쇠젓가락을 사용하기 때문에 손재주가 있다고 말했다. 그의 탁견卓見에 무릎을 쳤다. 그리고 대통령께 바로 보고를 드렸더니 경남 마산과 인천 부평을 수출자유구역으로 정하고 관련 산업을 육성하라고 했다.

전 국무총리 백영훈이 한 말이다.

한국이 선진국이 되기 힘든 이유

이탈리아에 가서 사람들이 바글거리는 유명 관광지 말고 경치 좋은 곳을 찾으려면 어떻게 해야 할까? 장애인 시설이나 어린이 병원 같은 복지시설이 있는 곳을 찾으면 된다. 이탈리아는 경치가 빼어난 곳에는 호텔이나 골프장이나 카페가 아니라 장애인 시설이나 어린이 병원을 짓는다. 넉넉한 주차장은 덤이고, 수려한 자연경관이 보이는 곳에서 치료받고 요양할 수 있게 한 것이다. 장애인 시설 하나만 지으려 해도 그 지역 주민이 온통 들고일어나 설립 계획이 무산되거나 더딘 진행을 보이는 우리 현실을 생각하면 한 사회가 어떤 철학에 기반해 있느냐에 따라 똑

같은 문제도 해결 방식이 천차만별임을 느낀다.

한동일의 저서 『로마법 수업』에 나오는 내용이다.

한꺼번에 기록을 갱신하지 않는 이유

장대높이뛰기의 세계적인 스타는 세르게이 부브카다. 그는 1985년 6미터를 기록했다. 1993년 실내에서 6.15미터로 세계 기록을 세웠는데 21년 동안 깨지지 않았다. 늘 그가 새로운 기록을 세웠던 것으로 난 기억한다. 근데 이상한 게 하나 있다. 화끈하게 몇 센티미터씩 도전하는 게 아니라 야금야금 새로운 기록에 도전했다. 왜 그랬을까? 부브카는 기록에 따라 보상이 지불되는 상황을 교묘히 활용했다. 기록을 깰 때마다 보너스를 받았기 때문에 굳이 무리해서 한꺼번에 깰 필요가 없었다. 조금씩 이전 기록을 깼을 뿐이다.

성과급 덕분에 많은 세계 기록을 세웠지만 대신 관중 앞에서 최고 실력을 보이지 않았을 가능성이 크다. 만약 6.5미터를 깨면 큰돈을 주겠다고 했으면 어땠을까? 이건 부브카 자신만 알 수 있을 것 같다.

함부로 도와주면 안 되는 이유

곤충학자 찰스 코우만은 애벌레가 나비가 되기 위해 고치 구멍을 뚫고 나오는 광경을 긴 시간 관찰했다. 나비는 작은 고치 구멍을 뚫고 나오기 위해 몸부림을 치고 있었다. 코우만은 긴 시간 애를 쓰고 있는 나비가 안쓰러워 가위를 가져다 고치 구멍을 조금 뚫어주었다. 그는 이제 나비가 화려한 날개를 펼치면서 창공을 날아다니겠지 하고 기대를 하고 있었다. 그런데 나비는 날개를 질질 끌며 바닥을 왔다 갔다 하다가 죽고 말았다. 그 나비는 땅을 박차고 하늘을 향해 날아갈 만한 힘을 갖지 못했던 것이다.

나비는 작은 고치 구멍을 빠져나오려 애쓰면서 날개 힘을 키우게 된다. 그런데 코우만이 값싼 동정으로 그 기회를 없애버린 것이다. 이 예화는 고통이 생에 왜 필연적이며 성장 과정의 한 부분인지를 알려준다.

함부로 얘기하면 안 되는 이유

한 노인이 몇 년간 귀가 안 들려 고생하다가 의사를 찾았다. 의사는 귓속에 쏙 들어가는 신형 보청기를 주며 사용해보고 한 달 후 다시 찾아오시라고 했다. 한 달이 지나고 노인이 의사를 찾아왔다. "어떠세요?" "아주 잘 들립니다." "축하합니다. 가족분들도 좋아하시죠?" "우리 자식들에겐 이야기 안 했지요. 여기저기 왔다 갔다 하며 그냥 대화 내용을 듣고 있어요. 그리고 그동안 유언장을 세 번 고쳤다우."

항상 작심삼일로 끝나는 이유

뇌를 바꾸지 않았기 때문이다. 늘 하던 일, 익숙하고 편한 일을 좋아하는 뇌는 달라지려고 하는 모든 행동을 위협으로 받아들인다. 그래서 계속 원래의 습관과 행동 패턴으로 돌아가게 되는 것이다. 정말 인생의 변화를 이루고 싶다면 뇌를 바꿔야 한다. 현재에 안주하려는 지금의 뇌를 도전하고 배우고 성장하는 데 거리낌 없는 뇌로 만들어야 한다.

새로운 습관 형성을 위한 첫 번째 규칙은 새로운 일은 아침이나 휴식 직후에 하는 것이다. 오늘 해야 할 가장 중요한 일은 무엇인가? 가능하면 그 일을 가장 먼저 시작하고 그것을 끝낸 후에 다음 질문을 던진다. 오늘 해야 할 두 번째로 중요한 일은 무엇인가? 이렇게 해야 할 일을 병렬이 아니라 순차적 방식으로 처리할 수 있다. 그렇게 하면 전전두피질의 집중력을 덜 떨어뜨리고 일을 미루게 될 가능성을 크게 줄일 수 있다.

가비아 톨리키타의 저서 『당신의 뇌는 변화가 필요합니다』에 나오는 내용이다.

해적 두목이 애꾸눈인 이유

왜 해적선에 애꾸눈이 많을까? 미국 오리건주 퍼시픽대학교 시각기능연구소의 짐 시디 소장은 그럴 만한 이유가 있다고 설명한다. 해적은 전투가 벌어지면 어두운 갑판 밑과 밝은 갑판 위를 왔다 갔다 하며 싸워야 하는데 이를 위해서는 한쪽 눈에 안대를 차는 것이 유리하다는 것이다. 밝은 곳에 있다 갑자기 어두운 곳에 들어가면 눈이 적응하는 데 시간이 걸려 해적질을 제대로 할 수 없다. 근데 한쪽 눈을 가리고 있다 안대를 풀면 바로 적응이 가능하다. 그래서 애꾸눈을 하고 있는 것이다.

험담을 하는 이유

남 얘기하는 사람을 좋아하지 않는다. 특히 밥 먹을 때 그런 얘기를 하면 밥맛이 떨어진다. 왜 맛있는 밥을 먹으면서 그렇게 영양가 없는 얘기를 하는 걸까? 그래서 오랫동안 불평과 불만과 험담을 직업으로 하는 사람을 관찰했고 이유를 찾았다. 그들이 험담하는 가장 큰 이유는 자기 삶이 마음에 들지 않기 때문이다. 일단 그들은 자신이 마음에 들지 않는다. 열등감이 크다. 가정과 직장에서 모두 인정을 받지 못한다. 배우자, 자식과의 관계 모두 좋지 않다. 당연히 인정에 굶주려 있다.

이럴 때는 두 가지 옵션이 있다. 하나는 스스로를 업그레이드 하는 것이다. 또 다른 하나는 자기보다 상태가 나쁜 사람을 찾아 비교하고 씹으면서 상대적 우월감을 느끼는 것이다. 근데 전자 는 쉽지 않다. 힘이 들고 시간이 걸린다. 상대적으로 후자가 쉽 다. 그래서 자기보다 못한 사람을 비난하고 험담하거나 잘난 사 람을 시기질투하면서 대리만족을 느끼는 것이다. 남을 씹다 보 면 자신은 상대적으로 괜찮다는 착각을 한다. 단기적으로 달콤 함을 느낄 수 있다. 그런 면에서 험담을 하는 것과 갑질은 비슷 하다. 내가 생각하는 갑질은 못난 놈이 더 못난 놈을 상대로 온 갖 추잡을 떠는 것이다. 그를 괴롭히면서 상대적 우월감을 느끼 는 행위다. 험담을 할 시간이 있으면 철봉에 매달리든지 푸시업 이나 하라. 언제까지 남의 흉이나 보면서 살 것인가?

헬스가 좋은 이유

골프 치는 걸 운동한다고 생각하는 사람이 있다. 많이 걷는다는 의미에서는 맞지만 골프는 참 불편한 운동이다. 여러 장비가 있어야 하고, 한 시간 이상 이동해야 하고, 혼자 칠 수 없다. 참 걸리적거리는 게 많다. 헬스는 홀가분해서 좋다. 언제 어디서나 마음만 먹으면 할 수 있다. 혼자 있으니 힘들게 신경써서 말할 필요가 없다. 다른 사람 눈치를 볼 이유도 없다. 내가 헬스를 사랑하는 이유다.

현재를 즐겨야 하는 이유

살면서 가장 많이 듣는 얘기가 있다. 바로 현재를 즐기라는 말이다. 이게 도대체 무슨 말일까? 갖지 못한 것을 갈구하느라 이미 가진 것의 소중함을 잊지 말라는 말이다. 건강이 대표적이다. 보통 사람들은 건강을 잃기 전까지 자신이 가진 건강이 얼마나 소중한지 모른다. 그 외에도 가족, 직장, 친구, 국가 등 너무 많은 것을 갖고 있지만 인식하지 못한다. 지금 이 순간을 온 마음을 다해 살아야 한다. 지금 이 순간은 다시 오지 않는다. 9·11테러로 가족을 잃은 사람들의 수기를 본 적이 있다. 사람들은 이런 후회를 한다. "그날 출근하는 남편이 마지막이라는 걸 알았으면 사랑한다고 말할걸. 꼭 안아줄걸." 누구도 그 순간이 마지막이 될 거라는 생각을 못 한 것이다.

현재를 즐기라는 것의 핵심은 현재를 충실히 살라는 것이다. 대부분의 사람들은 현재에 몰입하지 못한다. 대신 늘 딴생각을 한다. 직장에선 가정 생각을 하고 가정에선 일 걱정을 한다. 지금 내 앞에 있는 사람에게 집중을 못 하고 엉뚱한 사람과 메신저를 주고받는다. 중세 서양의 가치관에서 가장 중요한 두 축은 '현재를 즐겨라'와 '죽음을 기억하라'다. 완전히 다른 말 같지만 사실 밀접한 관련이 있다. 죽음이 없고 영원히 산다면 현재를 꼭 즐기지 않아도 된다. 급할 게 없다.

현재를 즐겨야 하는 이유는 언젠가 죽게 마련인데 그 언젠가가 바로 오늘이 될 수도 있고 내일이 될 수도 있기 때문이다. 죽음을 기억하면 많은 게 달라진다. 지금의 걱정이 별게 아닌 것으로 받아들이고, 지금 이 순간을 더 소중하게 생각하게 된다. 죽을 때 뭘 남겨야 할지, 지금 하는 일이 어떤 의미가 있는지, 주변 사람들에게 어떤 사람으로 기억되고 싶은지도 생각해야 한다. 죽음을 생각하면 겸손할 수 있다. 너그러울 수 있다. 쓸데없는 걱정으로부터 자유로울 수 있다. 그게 바로 인생을 즐기는 것이다.

협력이 필요한 이유

굶어죽기 직전의 두 사람이 있다. 착한 부자가 나타나 한 사람에게는 낚싯대를 주고 다른 사람에게는 한 광주리의 물고기를 주었다. 두 사람은 각자 몫을 챙긴 후 길을 나섰다. 낚싯대를 얻은 사람은 바다까지 걸어갔지만 탈진해 고기도 잡기 전에 죽고 말았다. 물고기를 얻은 사람은 기쁜 나머지 물고기를 요리해 허겁지겁 먹었고 며칠 지나지 않아 그 역시 굶어 죽었다.

어떻게 하는 게 좋을까? 두 사람이 협력하는 것이다. 같이 고기를 나눠 먹고 바다에 가서 낚시하는 것이다. 혼자 할 수 없는 일을 둘이면 할 수 있다. 이게 협력의 힘이다. 유대인은 특별한 방법으로 가난한 사람을 돕는다. 부유한 구두상이면 동쪽에 분점을 내라는 식이다. 돈을 빌려주고 점포를 임대해주고 초기에 제품을 공급한다. 나중에 구두를 팔아 돈을 번 후 갚으라는 것이다. 시혜라기보다 협력에 가깝다. 남을 돕는 것이 나를 돕는 것이다.

쑤린의 저서 『유대인 생각공부』에 나오는 내용이다.

호텔을 좋아하는 이유

호텔은 집이 아니다. 집은 의무의 공간이다. 언제나 해야 할 일이 눈에 띈다. 설거지, 빨래, 청소 같은 즉각 처리 가능한 일도 있고 언젠가 해치워야 할 해묵은 숙제도 있다. 집은 일터다. 나는 컴퓨터 모니터만 봐도 마음이 무거워진다. 책꽂이에 있는 책만 봐도 그렇다. 내가 언젠가는 하지 않으면 안 될 일, 그러나 늘 미루고 있는 바로 그 일, 글쓰기를 떠올리게 한다. 여행을 가는 이유는 행복을 찾기 위해서가 아니라 자신의 슬픔을 몽땅 흡수한 것처럼 보이는 물건들로부터 달아나기 위해서다. 호텔은 그걸 가능하게 한다. 어제와 다름없는 오늘이 끝없이 반복되는데 호텔은 그걸 중지시킨다.

김영하의 『여행의 이유』에 나오는 내용이다.

화가 나는 이유 1

내 잘못이라고 생각하면 화가 나지 않는다. 내 생각이 틀렸고 당신 생각이 맞았다고 여기면 화를 내지 않는다. 화가 나는 것과 화를 내는 건 완전히 다른 차원의 얘기다. 화를 낸다는 건 그만큼 상대를 만만하게 생각하기 때문이다. 화가 난다고 상사에게 함부로 화를 내는 사람은 없다. 대통령에게도 화를 내지 않는다. 화를 내는 이유는 강력한 자아 때문이다. 내가 세상의 중심이라고 생각하기 때문이다. 나는 옳고 너는 그르다고 생각하기 때문에 화가 나는 것이다. 내가 너를 바꾸고 말겠다고 생각하고 있는데 그런 상대가 말을 듣지 않을 때 화가 나는 것이다. 화가 날 때마다 내가 던지는 질문이 있다. 왜 화가 날까? 이게 화를 낼 일인가? 내가 옳고 상대가 그르다고 생각하는 게 과연 맞을까? 화가나는 건 알겠는데 화를 내면 뭐가 달라질까? 화를 내서 내가 얻는 것과 내가 잃는 건 무엇일까? 이런 질문들이다.

화가 나는 이유 2

화를 잘 내는 사람은 핵폭탄과 같다. 화를 잘 내는 상사와 같이 일하는 직원들은 늘 전전긍긍할 수밖에 없다. 이런 조직은 그 자체로 죽음이다. 그렇다면 이 상사는 왜 부하직원들에게 자주 화를 내는 것일까? 부하직원들이 일을 못 해서? 아니면 성격이 급해서? 부하직원들의 교육을 위해서? 모두 아니다. 부하직원들을 무시하기 때문이다. 화내는 것을 급한 성격 탓으로 돌리는 사람이 있다. 말도 되지 않는다. 아무리 급해도 대통령에게 혹은 사장님에게 화를 버럭 내는 사람은 없다. 속에서 천불이 나도 꾹 참는다. 성격이 급해서 화를 내는 게 아니라 이 사람에겐 화를 내도 괜찮다고 생각하기 때문이다. 상대를 무시하는 마음이 있기 때문에 화를 내는 것이다.

자주 화내는 사람은 늘 화낼 준비가 되어 있다. 그러다 지금 이 사람 앞에서는 화를 좀 내도 되겠다는 판단이 서면 불같이 화를 내는 것이다. 참으로 찌질한 인간이다.

확신이 위험한 이유

자기 기대에 못 미치는 행동을 할 때 사람들은 "참, 내 마음 같지 않네." 하며 섭섭한 심정을 드러낸다. 당연한 일을 새롭게 받아들이는 모습이 난 더 놀랍다. 타인이 내 마음처럼 움직이면 그게 이상한 일 아닌가? 주식 투자를 할 때도 비슷한 일이 일어난다. 딴에는 오를 걸로 생각해 산 주식은 오르지 않고, 오르지 않을 걸로 생각해 안 산 주식은 오르기 때문이다. 그래서 경제학자 케인스는 "주식 투자란 미인선발대회와 같다."라고 주장했다. 내가 미인이라고 생각하는 사람이 미인으로 선출되는 게 아니라 많은 사람이 미인이라고 생각하는 사람이 미인으로 선출된다는 것이다.

세상만사가 다 그렇다. 내 생각을 너무 믿으면 안 된다. 나의 확신이란 건 그렇게 확신할 만한 것이 아니란 말이다. 착각일 가능성이 크다. 내가 쓴 책, 내가 하는 강의도 그렇다. 난 베스트 셀러 책을 보면서 자주 "내 책이 더 나은데 왜 내 책은 안 팔리고 이런 책이 많이 팔릴까?" 하고 의아해한다. 하지만 이것이야 말로 착각 중 착각이다. 내 생각은 별로 중요하지 않다. 정말 중요한 건 다른 사람들 생각이다. 이런 생각을 하면서 자주 나를 위로한다.

회의 때 야단치면 안 되는 이유

"회의 시간의 90퍼센트는 듣는다. 보고는 현장의 진실을 알기 위한 것인데 그 자리에서 직원을 혼내거나 지적하면 본래 목적을 이룰 수 없다. 이미 알고 있는 내용이라도 참고 들어야 한다. 이야기를 듣는 것만으로 '핵심에서 벗어나 있군' '정곡을 찌르는 말을 하는군' 등 어느 정도 업무를 이해하고 사람을 파악할 수 있다."

일본 서비스 머천다이징 회사 무사시노의 고야마 노보루 사장의 말이다.

후회가 필요한 이유

세상에 쓸모없는 건 없다. 쓸모가 있지만 쓸모를 발견하지 못했을 뿐이다. 그래서 노자는 무용지용無用之用이란 말을 했다. '쓸모없음'의 '쓸모 있음'이다. 쓸모가 없다고 생각하기 때문에 살아남는다는 말이다. 쓸모없는 자식이 부모 곁을 지키는 것, 굽은 나무가 선산을 지키는 것 등이 대표적이다. 후회가 그렇다. 후회하면 대부분 부정적으로 생각한다. 하지 않을수록 좋다고 생각한다. 나 또한 그러했다. 그러다 다니엘 핑크가 쓴 『후회의 재발견』을 읽고 생각을 고쳐먹었다. 후회에 나름의 효용성이 있다는 것이다. 그의 책을 간단히 요약해본다.

대부분의 아이들은 여섯 살이 될 때까지 후회를 이해하지 못한다. 성장하면서 후회에 필요한 사고력이 발달한다. 후회는 건강하고 성숙한 마음의 표지다. 후회는 고등동물만이 할 수 있는 일종의 특권이다. 이 능력 덕분에 인간은 다른 동물보다 뛰어난 존재가 될 수 있었다. 후회는 피해야 할 감정이 아니라 최적화를 통해 적극적으로 활용해야 하는 감정이다. 우리는 어제의 후회를 발판으로 오늘의 나를 만들어왔다. 내일의 나도 그러할 것이다. 그럼 인간은 왜 후회하는 능력을 발달시켰을까? 후회의 고통이 삶을 개선하기 때문이다. 후회의 목적은 기분을 나쁘게 하는 것이다. 후회하면 지금 당장은 기분이 안 좋지만 그로 인해 미래에 내 삶이 나아질 수 있기 때문이다.

후회는 두 가지 능력에서 시작된다. 첫째, 과거와 미래를 왔다 갔다 하는 시간 여행 능력. 둘째, 실제 일어나지 않은 일에 관해 이야기할 수 있는 스토리텔링 능력이 그것이다. 과거로 돌아가 실제 일어났던 일을 부인하고 다른 선택을 해본 후, 다시 현재로 돌아와 과거가 바뀔 경우 지금 느낄 수 있는 만족감을 상상해보는 것이다. 이건 거의 초능력에 가까운 힘이다.

휴일에 수염을 깎지 않는 이유

난 휴일에는 수염을 깎지 않는다. 출근하거나 일이 있을 때는 수염을 깎아야 하지만 아무 일이 없는데 굳이 수염을 깎을 필요성을 느끼지 못하기 때문이다. 귀찮다. 긴 휴일에 해당했던 코로나19 유행 시기에 수염을 기른 사람들이 급증했다고 한다. 휴일에 수염을 깎지 않는 것과 코로나19 시기에 수염을 기른 사람이 늘어난 걸 어떻게 설명해야 할까? 리미널리티liminality로 설명할 수 있다. 리미널리티는 전이轉移 시점을 뜻한다. 변화가 일어나는 타이밍이란 말이다. 라틴어로 문지방을 뜻하는 리멘스limens에서 유래했다. 전이 시점에는 이를 의미하는 의식과 상징이 있다. 평소의 상징적 질서가 사라진다. 휴일에는 평소의 의식을 할 필요가 없기 때문에 수염을 깎지 않는다. 재택근무 역시 사람들은 정상이 아니라 비정상으로 인식한다는 말이다. 여러분의 리미널리티는 언제인가? 연초에 한 해 계획을 세우는 것, 연말에 송년회를 하는 것, 성인식 같은 것이 다 전이 시점이다.

흑인들의 성공 확률이 낮은 이유

흑인들은 그 수에 비해 출세한 사람이 적다. 왜 그럴까? 머리가 나쁜 것일까? 나름 합리적인 이유가 있다. 흑인 경제학자 롤런드 프라이어를 보면 흑인 사회에서의 합리성이라는 것이 어떤 것인지 알 수 있다. 그는 학업을 전혀 장려하지 않는 환경에서 성장했다. 친척 열 명 중 여덟 명이 사망 혹은 수감 중이다. 친척들은 코카인을 만들거나 거래했고 사촌은 이 일 때문에 살해당했다. 친구들은 도둑질했지만 그는 피했다. 그는 학업에 열정을 느꼈지만 주변 사람들은 싫어했다. 백인 흉내를 낸다는 비난을 받았다.

이처럼 흑인의 경우에는 성실하거나 똑똑한 학생들이 따돌림을 당한다. 성적이 좋은 백인은 대인관계가 좋지만 성적이 좋은 흑인은 왕따를 당할 확률이 높다. 이는 마치 현재의 직장이 마음에 들지 않는다면서 이직을 위해 따로 교육을 받는 것과 같다. 그럴 때 기존 직원들은 자신의 집단을 탈출하려는 직원에 대해 적개심을 드러낼 것이다. 이것이 소외당하는 집단에서 나타나는 일반적인 현상이다. 당연히 대부분의 사람들은 자신의 꿈을 포기한 채 기존 사람들처럼 살게 마련이다. 이런 면에서 흑인들이 공부하지 않는 것은 합리적일 수 있다. 백인 행세를 하는 성실한 흑인 아이는 변절자로 여겨지고 친구나 부모의 웃음거리가 된다. 흑인들이 성공하지 못하는 이유는 흑인 문화 때문이다.

팀 하포드의 저서 『경제학 콘서트 2』에 나오는 내용이다.

기타

B급 직원에게 잘해야 하는 이유

리더에게 가장 소중하고 급한 일은 직원들의 마음을 사는 것이다. 누구나 사람이 가장 귀중한 자산이란 얘기는 한다. 하지만 현실은 다르다. 직원마다 등급이 매겨져 있고 A급만 중요하게 여기는 경우가 많은데 이는 위험하다. 사실 조직의 성패는 B급 직원들에게 달려 있다. A급은 유지비가 많이 들고 관리도 어렵다. 또 그들의 오만한 태도와 공격성 때문에 분란이 일어나기도 한다. 반대로 B급은 보살펴주지 않아도 자기 일을 묵묵히 한다. 하지만 너무 오래 방치하면 문제가 생긴다. 2003년 6월호 『하버드 비즈니스 리뷰』에서 하버드대학교의 톰 드롱 교수와 컨설턴

트 비니타 비제이이라반은 「B급 직원의 요구에 귀를 기울이라」 (?)는 논문에서 이런 얘기를 한다.

"A급 직원에 대한 집착에서 벗어나 B급 직원을 존중하고 칭찬하는 쪽으로 움직여야 한다. 그들이야말로 조직의 요체이기 때문이다. 그들은 일상적으로 일을 하며 성과를 낸다. 그들은 최전선에서 일하는 말이고 전투병이고 경영층의 비전을 전파한다. 그들은 자신의 업무를 꾸준히 하기에 신뢰할 수 있다. 따라서 모든 기업은 A급과 마찬가지로 B급 직원을 소중히 여겨야 한다."

비전을 제시하고 일을 성사시키고 대형 거래를 마무리 짓는 A급 직원은 필수적이다. 하지만 A급만 있고 견실한 B급이 없다면 장기적으로 발전하지 못한다. 조직에는 발전 여지는 적지만 투철한 책임감으로 근면하게 해야만 할 업무가 많다. B급 직원은 이런 일을 거뜬히 해내지만 A급은 금방 싫증을 낸다. B급 직원은 6개월마다 상사의 눈을 똑바로 쳐다보고 급여 인상을 요구하지도 않는다. 엄청난 기대를 하지 않으나 훌륭하게 업무를 처리한다. 모든 직원이 회사에 꼭 필요한 존재란 사실을 알려야 한다.

크레이그 히크만의 저서 『똑똑한 리더의 치명적 착각』에 나오는 내용이다.

LA에 전철이 발달하지 않은 이유

1950년대 미국 정부는 역사상 유례가 없는 대대적인 인프라 확충 프로그램을 시행했다. 도로를 건설하고 항로를 신설한 이 프로그램 덕분에 철도망이 와해되었다. 당시까지 미국의 철로 체계는 무척 효율적이었다. 1940년대 LA에는 능률적이고 공해가 없는 전철망이 갖추어져 있었다. 그런데 이 전철망의 주인이 세 회사, GE, 파이어스톤, 스탠더드오일로 바뀌었다. 예상대로 그들은 전철망을 뜯어냈다. 도로 이용을 극대화한다는 핑계였다. 결국 LA는 버스와 승용차의 천국으로 바뀌었고 엄청난 돈을 벌었다. 물론 이 회사들은 불법적인 담합 혐의로 고발되었지만 5,000달러의 벌금형을 받았을 뿐이다. 또한 미국 정부는 국방성을 앞세워 좀 더 구체적인 핑계로 국가 안보를 내세우며 고속도로 건설에 열을 올렸다. 하지만 이 운송체제는 공공서비스를 우선한 게 아니라 기업 논리에 근거해 만들어진 것이다. 이것의 영향은 엄청났다. 거대한 인프라 프로그램은 기업을 부자로 만들어주었지만 소비행태가 바뀌고 대인관계도 바뀔 수밖에 없었다. 모두가 뿔뿔이 흩어지면서 공동체가 파괴되었다.

노암 촘스키의 저서 『촘스키, 누가 무엇으로 세상을 지배하는가』에 나오는 내용이다.